寺島実郎［監修］
一般財団法人日本総合研究所［編］　日本ユニシス株式会社総合技術研究所［システム分析協力］

日本で
いちばんいい県
都道府県別
幸福度ランキング

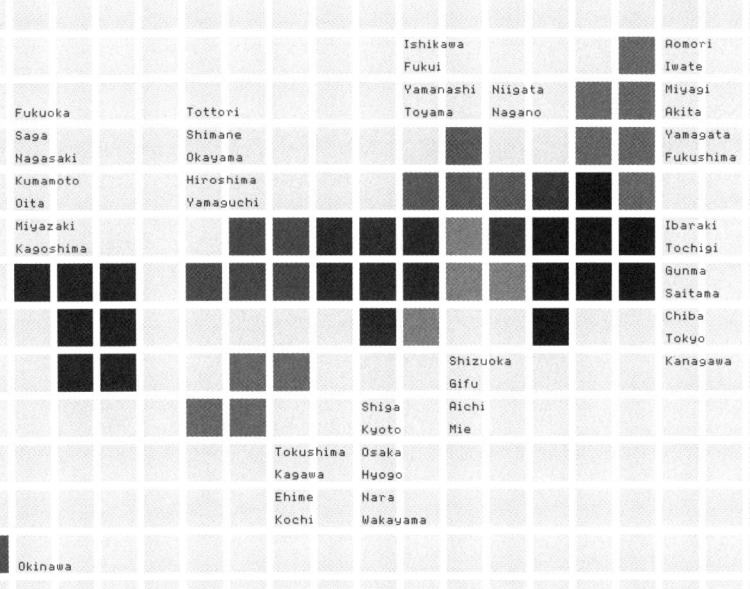

東洋経済新報社

まえがき

　いかなる国、地域に生活することが「幸福」なのか。幸福度に関する情報やランキングは、近年様々な国や機関から発表されている。例えば、ブータンが世界一幸福な国とされるのもその1つである。しかし、各調査を読み込んでいくと、幸福の評価は判断基準となる価値によって様々に異なることが分かる。つまり、それぞれの調査の意図に基づいて、その評価とランキングが行われているのである。

　幸福度を判断する要素には、主観的なものもあれば、相対的なものもある。本著の幸福度ランキングでは、可能な限り主観的な要因を除外し、統計データ等をもとにできるだけ客観的にランキング化し、地域に生きる人々の幸福を考えるための基盤となる基本要素を踏み固めることを目的としている。熟慮の上、仮説的に抽出した55の指標をベースとして、それを今後の議論を通じて大いに改善しつつ、地域における幸福に対する思考を深めていきたい。この試みはそのための第一歩である。

　私が長く関わってきた一般財団法人日本総合研究所は、これまで国内外の地域分析に関わる様々な研究作業を継続して実施してきた。その作業に向き合ってきた研究員が今回の分析にも参画し、それぞれの思いはこれら指標の中にも込められている。また、コンピューター解析を担当した日本ユニシス株式会社総合技術研究所の知見の深さやこれまでのプロジェクト実績が、今回の総合的かつ専門的な分析において非常に生かされた。この両関係者の研究努力とそのチームワークによりスムーズなプロジェクトとなったことに、この場を借りて心からの感謝を捧げたい。

　また、東洋経済新報社の佐藤朋保氏には、刊行に至るまであらゆる段階において大変なご尽力をいただいた。心から御礼を申し上げたい。

2012年11月　寺島実郎

**日本でいちばんいい県
都道府県別幸福度ランキング
目　次**

まえがき……………………………………………………………………… iii

第1章 人間にとって地域に生きる幸福とは何か

寺島実郎

1 ふるさとへの思い …………………………………………………… 2
2 解析研究のきっかけ ………………………………………………… 3
3 何をもって地域の幸福とするのか ………………………………… 5

第2章 都道府県別幸福度ランキング
——これからの地域、個人のあり方を考える

1 幸福度ランキング
　　——指標設定の考え方、ランキングの解析方法 ……………… 13
2 総合ランキング ……………………………………………………… 23
3 基本指標の状況と特徴 ……………………………………………… 27
4 5分野（10領域）別ランキング …………………………………… 38
5 各指標の状況と特徴——代表的政策課題とその展望 …………… 56
6 基本指標と先行指標の経年変化 …………………………………… 68
7 結び——ランキングから見えるもの ……………………………… 84

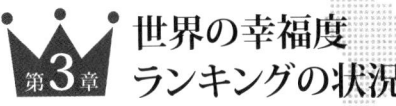

第3章 世界の幸福度ランキングの状況

1 国際機関・各国における幸福度ランキングの状況と特徴……88
　① OECD より良い生活指標（2011）　89
　② オーストラリア 進歩の測定（2010）　91
　③ 韓国 社会指標（2011）　93
　④ ブータン 国民総幸福量（2010）　95
　⑤ オランダ 生活状況指標（2009）　97
　⑥ イギリス 国民幸福度測定（2011）　98
　⑦ その他主要国の検討状況　99

2 大学・研究者による幸福度ランキングの状況と特徴…………101
　① World Values Survey 世界価値観調査（2008）　101
　② World Map of Happiness 世界幸福度地図（2006）　105

3 世界の幸福度指標、測定方法の特徴と我が国への示唆……111
　① 国情、目的に応じた多様な指標と測定方法の特徴　111
　② 今後の都道府県別幸福度ランキング研究への示唆　113

50指標の全ランキングと出典一覧

50指標の全ランキング……………………………116
出典一覧……………………………141

本文DTP　アイランドコレクション
カバーデザイン　米谷　豪

55の指標一覧

分野	領域	基本指標				
		人口増加率	一人あたり県民所得	選挙投票率（国政選挙）	食料自給率（カロリーベース）	財政健全度
健康	医療・福祉	生活習慣病受療者数	気分[感情]障害（うつ等）受療者数	産科・産婦人科医師数	ホームヘルパー数	高齢者ボランティア活動者比率
健康	運動・体力	健康寿命	平均歩数	基本健康診査受診率	体育・スポーツ施設数	スポーツの活動時間
文化	余暇・娯楽	教養・娯楽（サービス）支出額	余暇時間	常設映画館数	書籍購入額	「学術、文化、芸術又はスポーツの振興を図る活動」を行うNPO認証数
文化	国際	外国人宿泊者数	姉妹都市提携数	語学教室にかける金額	海外渡航者率	留学生数
仕事	雇用	若者完全失業率	正規雇用者比率	高齢者有業率	インターンシップ実施率	大卒者進路未定者率
仕事	企業	障碍者雇用率	製造業労働生産性	事業所新設率	特許等出願件数	本社機能流出・流入数
生活	個人（家族）	持ち家比率	生活保護受給率	待機児童率	一人暮らし高齢者率	インターネット人口普及率
生活	地域	下水道処理人口普及率	道路整備率	一般廃棄物リサイクル率	エネルギー消費量	地縁団体数
教育	学校	学力	不登校児童生徒率	司書教諭発令率	大学進学率	教員一人あたり児童生徒数
教育	社会	社会教育費	社会教育学級・講座数	学童保育設置率	余裕教室活用率	悩みやストレスのある者の率

各指標の1位一覧

分野	指標					
	基本指標	東京都	東京都	島根県	北海道	東京都
健康	医療・福祉	埼玉県	神奈川県	徳島県	和歌山県	滋賀県
健康	運動・体力	静岡県	兵庫県	宮城県	長野県	宮崎県ほか*1
文化	余暇・娯楽	神奈川県	鹿児島県ほか*2	福岡県	山口県	北海道
文化	国際	山梨県	北海道	長崎県	東京都	東京都
仕事	雇用	島根県	山形県	長野県	富山県	福井県
仕事	企業	山口県	山口県	東京都	東京都	埼玉県
生活	個人(家族)	秋田県	富山県	富山県ほか*3	山形県	神奈川県
生活	地域	東京都	富山県	山口県	茨城県	島根県
教育	学校	秋田県	岩手県	鳥取県	京都府	高知県
教育	社会	島根県	鹿児島県	埼玉県	群馬県ほか*4	鹿児島県

1) 基本指標の人口増加率の1位は東京都、健康分野の生活習慣病受療者数の1位は埼玉県、というように対応している。
2) 網掛けの部分は、1位が複数ある指標。
*1 同1位は沖縄県
*2 同1位は新潟県
*3 同1位は福井県、長野県、青森県、鳥取県、香川県、石川県、山梨県、宮崎県
*4 同1位は茨城県、石川県、香川県、山梨県、愛知県、広島県、岡山県、長野県、岐阜県、秋田県、青森県、新潟県、長崎県、大分県

第1章 人間にとって地域に生きる幸福とは何か

寺島実郎

1 ふるさとへの思い

　誰にとっても、自分自身が生まれ育ったふるさとへの思いというのは特別で絶対的なものである。いかなる生まれ育った状況を背負っていても、ふるさとは人間の心において大きな意味を持っている。石川啄木は歌集『一握の砂』で「ふるさとの山に向かひて　言ふことなし　ふるさとの山はありがたきかな」と故郷の岩手山を歌った。私にとっては、誰が何と言おうが自分が一番多感な時期を過ごした北海道・札幌の藻岩山がふるさとの山であり、日本一の山である。夏目漱石は明治44年（1911年）に和歌山で「現代日本の開化」と題して講演したが、その中で「外国人に対して乃公（おれ）の国には富士山があると云うような馬鹿は今日は余り云わないようだが……」と皮肉的に述べているが、海外を動く日本人にとって、心に響く象徴的な山が富士山であることは今も昔も変わらない。

　他方、ふるさとが必ずしも積極的な価値と認識されないこともある。室生犀星は『小景異情』の中で「ふるさとは遠きにありて思ふもの」と詩っている。詩は「そして悲しくうたふもの　よしや　うらぶれて異土の乞食（かたゐ）となるとても　帰るところにあるまじや」と続くが、ふるさとの閉塞的で濃密な人間関係やそれ故の息苦しさを思うと、たとえ落ちぶれて乞食をやってでも他の場所に留まるべきで、ふるさととは距離を置きたいという1つの思いであろう。

　人が大人になるということは、自分が生まれ育った地域に対する深い愛着をもってふるさとが絶対的だと思う心情と、色々な社会体験の幅を広げ世界を見てものの見方が相対化され、それによってふるさとを客観視し相対的に見ることができることのバランスでもある。人が生まれ、そして生活している地域をふるさととして絶対的価値があると捉える一方で、できるだけ客観的に、そして統計データ等の要素を基に冷静に相対化した座標軸に置いて評価しようという試みが、実は本著の狙いでもある。

2 解析研究のきっかけ

　そもそもこの解析研究に着手する1つのきっかけとなったのは、ブータンが世界一幸福な国とされる議論である。これはメディアでも再三報道されたが、幸福度ランキングなるものがこの世の中で各種様々存在していることに気付かされざるを得ない。それらの評価分析を手に取りサンプルを見つめてみると、判断基準となる価値によって幸福というものに対する考え方は多種多様に異なることがわかる。敢えて厳しい言葉で言うならば、独断と偏見によって幸福が議論され評定されている傾向にあることも否めない。

　つまり幸福とは、非常に相対的なものである。ある意味においては本人の個人的な思い込みや虚偽意識である。仮に、戦争や紛争にさらされる地域に暮らす人々ですらも、ある種の日常性やごく身近な人間関係の中に幸福を感じることはあるだろう。幸福とは、本人の意識の中で組み立てられるものと、遠くに願望をかけて見つめる目線と相対的に構築されている。敢えて具体的にいうと、それらは願望、野心、向上心との相関でもある。たとえば現状に比較してとてつもなく大きな野心を持つ人間は、現時点での状況に満足できず、目指すものにはまだまだ到達していないと考えるだろう。願望や向上心との相関でも幸福の度合いは異なる。自己満足や現状を以て是とする観点から見れば、幸福は目指す対象の高さとの相関でもある。

　また、今回本著の幸福度解析にあたり、作業に向き合う契機となったのは、全国の知事をはじめ行政を率いる立場にある人物との面談である。それぞれ議論をすると、驚かされるメッセージを地域ごとに持っている。自分の都道府県、市町村を誇る統計的根拠を持っており、そういう視点でこの町の人々は幸せだ、この地域は幸福だというポジティブな評価を加えている。幸福度を計測する要素には主観的なものも相対的なものも

あるが、ボトムラインとして地域に生きる人々の幸福を実現するための基本要素をまず踏み固めることが、物事を考える基盤として必要である。そういった判断の材料となる指標を選出し、比較してみることは深い意味があるかもしれない。しかもその指標はデータの信頼度の面で対比可能なものであり、持続継続性をもって分析可能であるとの観点から、今回の解析に着手した。

今回の幸福度ランキングの分析方法については次章以降で詳述するが、私はこのやり方が必ずしも完全無欠だとは考えていない。例えば今回は除外したが、幸福の基本要素である本人の自己意識という主観的な要因については、来年度以降のランキング解析における課題としたい。研究に当たるメンバーとの議論を踏まえて仮説的に抽出した55の指標をベースに今後の議論を通じて大いに改善しながら、地域における幸福に対する思考を深めていきたい。この試みはそのための第一歩である。

分析指標を選ぶにあたっては、まず5つの基本指標（人口増加率、一人あたり県民所得、選挙投票率、食料自給率、財政健全度）を抽出し、その他に5分野（健康、文化、仕事、生活、教育）を選出し、各分野においてさらに具体的な10の指標を取り上げ、解析を行った。

これらは人間の幸福度に関連する度合いが高いと判断して選出したが、この分析における議論を集約すると、「安定した日常性」をもって幸福だと捉えるのか、もしくは「向上心や創造性に関して刺激を与える環境」があることが幸福なのか、言い換えればすなわち「田舎の幸福」と「都会の幸福」の認識の差異に通じる問題点を浮き彫りにした。例えば、「ここには何もない」と言われるような地域でも、そこに在る豊かな自然や安定した日常、心の平穏を保てる環境を高く評価し、幸福を指標化していくアプローチは当然あるだろうし、説得力もある。一方で、都会の魅力は経済的な活動基盤が重層的にあり、知的に向上しようと思う者にとってその機会があり、創造性を満たす刺激が多い環境でもある。これをもって幸福をもたらす条件だと認識する考え方もあるだろう。この両

項目の選出においてバランスをとることに今回非常に苦労した。

そのギャップとバランスを表す指標として、5分野それぞれに、「現行指標」と「先行指標」という異なる視点による要素指標を設定した。現行指標は概ね現状における安定度を計る。一方、先行指標は首都圏はじめ都会がポジティブな評価を得る結果となった。また、5つの基本指標は、結果的に行政力の強い地域が高い評価を受ける指標であるが、経済基盤や文化活動など、そこに生活する人々の能動的な指標が高い評価を得ない限り、上位には位置しないことも今回の解析を経て把握した。(指標間のウェイト付けは敢えてせず、一律の比重とした。)

3 何をもって地域の幸福とするのか

そもそも人間にとって幸福とは何かについて、若干の思索を加えておきたい。古今東西、人間は「幸福」について考え、悩んできた。多くの「幸福」についての文献があり、この苦悩の中から宗教が生まれ、哲学が深められたともいえる。本質的な意味での「幸福」は何らかの宗教的意識なしには成立しないのかもしれない。

「20世紀最高の知性の一人」とされる英国の思想家、バートランド・ラッセル（1872〜1970年）の58歳の時の作品に『幸福論』（邦訳、岩波文庫）がある。疾風怒涛の20世紀を理性をもって生きたラッセルの幸福論は、過剰に宗教的・道徳的ではなく、かつ過剰に哲学的・文学的でもなく、「合理的・実用主義的（プラグマティック）な幸福論」として、我々にとって示唆的だと思う。彼は「幸福は、一部は外部の環境に、一部は自分自身に依存している」と言い切る。そして、「たいていの人の幸福にはいくつかのものが不可欠であるが、それは単純なものだ。すなわち、食と住、健康、愛情、仕事上の成功、そして仲間から尊敬されることである」と語る。

確かに、圧倒的に分かりやすく、そんなものだろうと思う。そして、「幸福な人とは、客観的な生き方をし、自由な愛情と広い興味を持っている人である」というラッセルの言葉に深く共鳴せざるをえない。つまり、独りよがりな幸不幸ではなく、「自我と社会が客観的な関心や愛情によって結合されること」の重要性を改めて思うのである。

　この視座に立って、「地域における幸福」を再考するならば、正に自我と社会を適切につなぐことのできる基本条件を整備することの大切さに気付く。おそらく、「県民幸福度」の指数化という作業も、そうした視界を拓くための入り口にすぎないのであろう。自分たちの考え方を計量化して解析する作業を通じて得られた結果を手にし、私は深く息を吸い込みながら大きな刺激を受けている。

　音楽会やパーティに出席するとその締め括りに、なぜか小学唱歌「ふるさと」を歌う場面にかなりの頻度で出くわすが、これもよく聴くと複雑なメッセージが込められている。「兎追いしかの山　小鮒釣りしかの川」と始まる有名なフレーズだが、果たして現代の日本にそのような郷愁を誘うふるさとの風景がどこまで残っているだろうか。また心に残るのは、この歌の「こころざしを果たして　いつの日にか帰らん」という一節である。ここに描かれる心象風景は、郷里に両親を残し、田舎を発って都会で立身出世することが評価されていた時代である。今や時代は変遷し、価値観も変わり、個人により受け止め方も異なるだろう。しかし、ふるさとの人間関係に対する思いの深さが、幸福感の大きな部分を占めていることも否めないだろう。仮に志を果たして故郷へ帰ったとしても、そこに両親も友人もいなければ、一体何が満たされるであろう。冒頭に挙げた室生犀星の詩にあるように、故郷に帰りたい、あるいは帰りたくないという心情は、ふるさとの自然環境だけでなく人間関係に支えられている。幸福であるという状態は、愛情に支えられた深い人間関係の中で知覚されるものなのだろう。

　ところで、日本文学は「ふるさと喪失」の文学だとよく称される。そ

れは松本清張の一連の小説でも色濃く描かれているが、代表作『砂の器』のように、ふるさとから追われるように閉め出された主人公が、コミュニティを失った孤独感を抱えて生きて行く人物像は、前述の犀星が吐露した故郷への深い愛惜や、石川啄木が歌った郷愁にも根底でつながっている。また、ふるさとに対する日本人の愛惜感が、一時代を築いた昭和歌謡や演歌の世界を支えてきたと言っても過言ではない。常にふるさとを背負い、ふるさとを想い、盆暮れや正月に両親のもとへ帰省する人々の生活こそが、日本近代化の陰で繰り広げられてきた心の風景だったのである。

しかし、近代化の流れで高度成長期に東京に吸い寄せられるように急速に集積した人口は、既に第二・第三世代へ移り、もはやふるさとに両親を残してきた人すら少なくなりつつあるのが現実だ。帰るべきふるさとを持つ人のほうが少ないのだ。啄木や犀星が見たふるさとへの距離感とはまるで異なる社会風景が現代には広がっている。

かつて全国一律、列島改造論という発想の時代における日本の分配を分かりやすく田中角栄型分配と呼ぶならば、都会に人口が集積して上げた経済的利益を田舎に還元し、道路や公共施設などの公共投資を行っていたのが旧来の日本の分配構造である。ふるさとを去り都会に出てきた人間が、一抹の救いを感じて分配に加勢した時代というのがかつて実際に存在したのだ。今や、都会に集積した利益は都会に分配するのが筋だろうという考え方が広まり、これが昨今のばらまき型の公共投資批判につながっているのも当然の潮流ではある。しかし、この大きな分配型式のトレンドを睨みつつ、日本国のポテンシャルという広い視界で全国各地域を見渡して新たなプロジェクトを構想し、創出することが必要な局面に差し掛かっている。民主党のキャッチフレーズは「コンクリートから人へ」という公共投資批判をベースに成り立っていたが、東日本大震災に向き合った日本は、改めて防災のための「命の道」や陸海空総合交通ネットワークの重要性を痛感した。人口が集積する都会の理論だけに

よって、多数決で分配を押し通してはならないという思いがやはりある。

私は社会科学の分野においてこれまでの様々な公共政策に携わってきたが、その立場から見ても今回の解析指標から新たな分配の思想哲学が問われていることを強く感じる。なぜならば、国土交通省の2030年までの国土形成計画を見ても、現在の傾向では、日本は首都圏にのみ人口と産業が異様に集積した国へますます変わって行き、過疎や高齢人口の集中地域を残しながら、東京だけが煌びやかな繁栄や経済的メリットを享受するような国になりかねない。ここで改めて、何をもって地域の幸福とするのかと問いたい。たとえば、田舎で持ち家を所有することを幸福とする価値観もあれば、より都会の効率的で快適な賃貸マンションに居住することを幸福だととらえる人もあろう。しかし、都会の都会による都会のための政治、これを是とするのではなく、多様性や豊かさを活かした幸福感についてより深く思考したいと思うのだ。

私の感傷を述べるならば、80年代後半から10年間にわたってニューヨーク、ワシントンで仕事をしていた頃、友人も多くいたし、これが自分の第二のふるさとかもしれないという愛着もそれなりに感じたが、結局私はここにおいてただの「ビジター（客人）」に過ぎないのだという旅愁を時折ふと味わった。その地域に根ざして生きている人々との違いを、生活すればするほど深く痛感するものなのだ。それはやはり、地域社会や経済システムと深く関与し、自分の役割や責任を果たし、個人の存在意義を満たしていく中で、自分が主体的に関与し、地域や人間社会に爪を立てて食らいつくような状況でなければ、結局は一時的な存在でしかなく、決して本当の幸福感を得られないだろう。

今回取り上げた統計的指標を満たせば必ずしも幸福であるということは無論ないだろう。しかし、この評価結果を参考として、無機的なデータ分析ではなく、むしろ自分自身がつくり出す人間関係の相関、さらには参画する意思からこそ幸福感が得られるという観点から、新たな議論

を提起することが本著の狙いであり、シンクタンクとしての役割だと考えている。

第2章 都道府県別幸福度ランキング

——これからの地域、個人のあり方を考える

我が国では、1990年代以降から続く経済活動の低迷により、失業率の高まりや派遣労働者問題にみられるような不安定な雇用環境が継続している。また、人口構造の少子化・高齢化の進展とともに世帯の小規模化も進んでおり、家庭内での育児や介護、経済的貧困など様々な生活不安が顕在化しやすい状況になっている。雇用や福祉の諸問題に対する社会保障システムも制度疲労を起こしており、抜本的な見直しの必要性が叫ばれている。

　人々の不安感や閉塞感が社会全体を覆う中で、地域に生活する人々の幸福を実現するためには地方自治体の役割がこれまで以上に重要になると考えられる。地方自治体には、地域で生活する人々にとってより安全で住みやすい地域、活力がある地域、誇りや魅力を感じられる地域、子どもたちや若者が夢や希望を抱きながら自立した大人として成長できる地域など、人々の居住満足度を高め幸福を感じることができる地域づくりが求められているといえよう。そのような地域を実現するためには、基本的な生活や社会基盤を充実させることが重要である。

　さらに、魅力的な地域づくりに向けては、地域に暮らす住民一人ひとりが、より暮らしやすい地域社会をつくるために自分に何ができるのかを思考し主体的に関わる、自立した個人として成長することも重要である。

　本章では、独自に選定した指標に基づく都道府県別幸福度ランキングの分析結果を紹介する。幸福度ランキングを作成した目的は、人々の幸福感・生活満足度に影響を及ぼすと考えられる要素を評価指標として取り上げることにより、

　○地方自治体が推進する様々な政策や施策の状況を一定の指標を通じて評価するとともに、より質が高く人々が幸福を感じられる地域づくりに向けた取組改善が促されること
　○住民一人ひとりが、社会全体の幸せを深めようとの思いを共有し、気概を持って行動する自立した個人として地域社会や国の目指すべ

き方向性についての議論を誘発し、思考を深化させる指標になること
を期待するものである。

　以降では、人々が自らの有する可能性を広げ、自立した個人としてより豊かな社会生活が送れる度合い、地方自治体による生活・社会基盤の向上に向けた取り組み度合いが、その地域に住む人々の幸福感や生活満足度を高めると想定し分析を行っている[1]。

1　幸福度ランキング
——指標設定の考え方、ランキングの解析方法

1.1　指標設定の考え方

　今回の都道府県別幸福度ランキング作成にあたっては、人間社会の幸福の基盤となりうる事象を、まず客観的に捉えることを目的としている。そのため、主観的幸福度を測定する手法は採用せず、主に既存の統計データのみを用いて分析を行うこととした。

　分析に使用した指標は、人々の幸福感や満足度に関係する生活・社会基盤の全体に資すると考えられる基本指標（5指標）および、幸福感や満足度を具体的に評価する尺度と考えられる5分野10領域（50指標）か

表2-1　**基本指標に含まれる指標**

基本指標				
人口増加率	一人あたり県民所得	選挙投票率（国政選挙）	食料自給率（カロリーベース）	財政健全度

---

[1] 地方自治体に対しては、人々が幸福を感じられる地域づくりに向けた各種施策の推進が求められるが、それは住民の権利や意思を尊重したものであることが大前提である。パターナリズム的な施策は、住民の自立を妨げることに他ならず、地域づくりにとってもマイナスになるため注意が必要である。

表2-2 健康分野の領域と指標

領域	指標				
医療・福祉	生活習慣病受療者数	気分［感情］障害（うつ等）受療者数	産科・産婦人科医師数	ホームヘルパー数	高齢者ボランティア活動者比率
運動・体力	健康寿命	平均歩数	基本健康診査受診率	体育・スポーツ施設数	スポーツの活動時間

※網掛けの指標は先行指標を表す。以下、同じ。

ら構成されており、総合的な視点からの分析（ランキング）が可能となっている。

【基本指標】

基本指標は、生活・社会基盤の全体に資する側面から、都道府県の社会状況や構造を示す次の5つの指標で構成される（表2-1参照）。

【分野別指標】

分野別指標では、人々が幸福や満足感を感じる要素として「健康」、「文化」、「仕事」、「生活」、「教育」の5分野を想定し、各分野に地方自治体の政策や施策の区分ともある程度関係する側面から、それぞれ2つの領域を設けている。また、各領域は具体的に都道府県の現状や課題を示す"現行指標"と、将来を見通すための"先行指標"（＝目指すべき方向の議論を深める上で参考となる指標）で構成される。それぞれの分野および領域は次のように整理される。

(1) 健康（表2-2参照）

心身の健康が保持されていることは、人々が社会生活を送る上で基本的な要素であり、かつ最も欠かせない基盤である。

・「医療・福祉」

病気やケガをしたり、身体が不自由な状況になったときでも、治療が

受けられたり、安心して日常生活や社会生活を送ることができる社会基盤の充実は、人々の幸福感や生活満足度を高めると考えられる。「医療・福祉」領域では、疾病の現状とともに、少子・高齢化が進む中で安心して出産できたり、介護が必要となっても継続して在宅で生活できる環境の構築、高齢者の社会活動への参加などの重要性が高まるという視点のもとに指標を選定した。

- 「運動・体力」

健康づくりは個人の心掛け・行動に負う面が大きい。「運動・体力」領域では、健康の保持が人々の幸福を感じる基本的な要素であり、さらには予防的な取り組みの重要性を評価するという視点から、人々（主に成人）の健康状態の現状とともに、自ら積極的に健康づくりに取り組む態度・心掛け・行動に関連する指標を選定した。

(2) 文化（表2-3参照）

今後の日本社会が目指すべき方向として、かつてのように富や利便性ばかりを追求するのではなく、文化を通じて人々が誇りや幸せを感じられる、教養や創造力に満ちた人間性豊かな文化的素養を持つ人々が育まれる地域社会を構築することが重要と考えられる。

- 「余暇・娯楽」

文化とは、文学や音楽、美術、映画などの芸術文化、祭りなどの伝統文化、様々な人との交流（ネットワーク）が織りなす生活文化など多様であるが、それらに触れることで人々の心は豊かになり、幅広い文化的素養を身につけた個人として成長することができる。

「余暇・娯楽」領域では、芸術等に触れる機会や伝統文化の継承、新たな文化創造など、文化の充実度が人々の幸福感や生活満足度を高めるという視点のもとに指標を選定した。

- 「国際」

今後、経済分野のみならず国際的な人的交流（ネットワーク）の重要

表2-3 文化分野の領域と指標

領域	指標				
余暇・娯楽	教養・娯楽（サービス）支出額	余暇時間	常設映画館数	書籍購入額	「学術、文化、芸術又はスポーツの振興を図る活動」を行うNPO認証数
国際	外国人宿泊者数	姉妹都市提携数	語学教室にかける金額	海外渡航者率	留学生数

性が高まってくる。地域社会の成熟という視点では、互いの文化を理解し、共に働いたり生活することにより国際的な感覚を身につけたり、異質なものを包摂する開かれた地域社会になることも重要である。「国際」領域では、そうした地域社会の充実度が人々の幸福感や生活満足度を高める要素であるという視点のもとに指標を選定した。

(3) 仕事（表2-4参照）

仕事をすることの意味は、第一義的には経済的に自立することであり、さらには、仕事を通じて社会に貢献することも重要である。

- 「雇用」

我が国では厳しい経済環境が継続しており、失業率の高さや非正規雇用者割合の高まりなどから、特に若者世代における不安定な就労環境が社会問題化している。将来を担う若者が、収入を確保し、誇りややりがいを感じながら仕事に従事したり、社会的な仕組みとして様々な仕事にチャレンジできる機会が保障されることが求められている。

また、今後の超高齢社会を踏まえれば、子育て中の女性や高齢者、障害者など、働く意志のあるすべての人が何らかの形で働き社会に貢献するなど、一人ひとりの状況やニーズに合った多様な働き方が可能となる柔軟な就労環境の構築を目指すことも重要である。

「雇用」領域では、就労環境の充実が人々の幸福感や生活満足度を高

表2-4　**仕事分野の領域と指標**

領域	指標				
雇用	若者完全失業率	正規雇用者比率	高齢者有業率	インターンシップ実施率	大卒者進路未定者率
企業	障碍者雇用率	製造業労働生産性	事業所新設率	特許等出願件数	本社機能流出・流入数

めるという視点のもとに指標を選定した。

・「企業」

　雇用する側の企業に着目すると、地域の中に魅力的な企業がどれだけ存在するかが重要である。例えば、企業の魅力は、収益性の高さ、安定性、製品開発への積極性、ユニークな企業風土、社員重視など様々である。このような魅力的な企業が地域に存在することにより、地域住民のみならずいったん地元を離れた人々も地域に戻り、やりがいを感じながら働くことが可能となる。「企業」領域では、このような企業の魅力という視点のもとに指標を選定した。

(4) 生活（表2-5参照）

　現在の日本社会は、物質的な面ではかつてないほどの豊かさに恵まれており、生活の基礎を成す「衣・食・住」はほぼすべての国民に保障された社会となっている。ただし、足元を見ると、我が国の食料自給率は39％（2010年、カロリーベース）まで低下しており、また社会活動の基礎を成すエネルギー自給率も資源エネルギー庁の総合統計によれば19％（2010年、原子力を含む）に過ぎず、生活の基本的な部分を海外に依存していることを忘れてはならない。

　また、東日本大震災後、日本社会では「絆」が1つのキーワードとなり、人と人との自然な助け合いができる社会の実現に向けて人々の価値観が大きく変化しようとしている。

表2-5　生活分野の領域と指標

領域	指標				
個人 (家族)	持ち家比率	生活保護 受給率	待機児童率	一人暮らし 高齢者率	インターネット人口普及率
地域	下水道処理 人口普及率	道路整備率	一般廃棄物 リサイクル率	エネルギー 消費量	地縁団体数

- 「個人（家族）」

　生活の中で何を幸福と感じるかは人それぞれ異なっているが、その一例として「個人（家族）」領域では、プライベートな居室空間や経済基盤を表す指標とともに、ライフスタイルとしての仕事と家庭の両立、一人暮らし高齢者との関わり方、ライフラインの1つとも言えるインターネット人口普及率などを重視する視点のもとに指標を選定した。

- 「地域」

　居住地域や地方自治体への満足度は、人々が生活している地域の安全や衛生面、アメニティや利便性、コミュニティ活動、資源循環による持続可能性など、様々な要因によって構成されている。特に、資源やエネルギー問題などは個人の生活スタイルが地域社会の持続可能性と直結するものである。さらには、少子・高齢化が進むほど住民同士による助け合いなど、コミュニティ活動の重要性はより高まると考えられる。「地域」領域では、居住環境・生活スタイルの充実が幸福感や生活満足度を高めるという視点のもとに指標を選定した。

(5) 教育（表2-6参照）

　地域社会の将来を魅力あるものとしていくためには、人材の育成＝教育は最も重要な要素の1つであり、それらは学校教育と社会教育の両面から育まれるものである。

表2-6 **教育分野の領域と指標**

領域	指標				
学校	学力	不登校児童生徒率	司書教諭発令率	大学進学率	教員一人あたり児童生徒数
社会	社会教育費	社会教育学級・講座数	学童保育設置率	余裕教室活用率	悩みやストレスのある者の率

- 「学校」

　義務教育や高等学校における教育は、子どもたちが大人になった際に自立した個人として生きていくための教養・素養を身につける場である。ここでいう自立とは、一人ひとりの個性や多彩な能力を発揮しながら生きていくことである。一人ひとりの可能性を伸ばしたり、様々な体験を積み重ねることができる教育環境は、将来を担う子どもたちの可能性を広げ、幸福感や満足度の高い人生を歩むことができる根幹でもある。「学校」領域では、このような視点のもとに、子どもたちが学ぶ学校教育に関連する指標を選定した。

- 「社会」

　子どもたちだけではなく大人にとっても新たな知識に触れることは知的欲求を満たすとともに、健康な身体や健全な精神を養うことにつながる。また、大人世代（特に高齢者世代）が有する体験や知識を子どもたち・若い世代に伝え相互交流を図ることは、次世代を担う子どもたち・若者の情緒や知識を養う上でも、さらには高齢者世代の意欲向上の面でも有益であり、学校教育や家庭内教育を補うだけでなく、広く地域社会を豊かにするものである。「社会」領域では、このような視点のもとに社会教育・生涯学習への取り組み（情緒や知識の充実）に関連する指標を選定した。

1.2 ランキングの解析方法

(1) ランキングの枠組み（Theoretical Framework）について

　ランキングは総合指標（composite indicator）の1つである。そして、どのような総合指標にも、これで適切なのだろうかという疑念が常につきまとう。このような疑いに対しては、読者の判断に資するために、総合指標の源となるデータと、それを扱う枠組みの明瞭性を確保するのが適切であろう。特に、幸福度への数理的なアプローチは、研究の歴史が浅く、理論的な枠組みは生成途上であるため、データの解析に一層の明瞭さが求められる。

　都道府県別幸福度ランキングは、政策を比較考量できるようなデータを提供することを目的にしているため、広く普及している表計算用ソフトウェアで解析できる手法を利用した。ただし、手法が目的に照らして適しているかどうかについては、統計解析専用のソフトウェアを用いて検証している。

(2) データの正規化（Normalization）

　この都道府県別幸福度ランキングは、調査の目的に即して、適切な評価指標を選択し、組み合わせを決めている。それぞれの評価指標は、異なった調査からデータを集めてくるため、比較できるようにデータの値を調整する必要がある。例えば、基本指標に含まれる一人あたり県民所得は金額、人口増加率は伸び率であり、そのまま比較できない。この調査では、全都道府県の中での、各都道府県の相対的な位置を表すために標準変化量（Z-Score: 平均値からの距離を、標準偏差の何倍であるかで示した値）を用いた。この場合、平均値より大きいデータは正の値を取り、平均値より小さいデータは負の値となる。

　今回の調査は、国内の調査を利用しているため、貨幣の単位や度量衡など尺度を揃える必要はない。ただし、計数としての単位や尺度は同じ

であっても、実際に意味するところが異なっている場合がある。一人あたり県民所得はその一例であり、すべて県民経済計算標準方式にもとづいているが、各県での推計方法は画一的ではない。また経年変化の比較という点では、この方式の基礎となる国民経済統計の基準が定期的に改定されている。今回の調査では、このような差異は無視して、同じ意味を持つ計数として扱っている。

また、安定性のある調査を利用しているため、それぞれの統計データには欠測値（missing data）はなく、補完（imputation）の必要はない。一方、選挙投票率のように毎年調査できるとは限らないデータもある。その場合は、直近のデータを今年度の指標値とみなしている（LVCF: last value carried forward）。

(3) データの重みづけと集約 (Weighting and Aggregation)

こうして正規化した個々の指標を、幸福度ランキングや健康や文化など領域ごとの指標にグループ化して集約するうえでは、指標の方向を合わせることと、適切な重みづけをすることがポイントとなる。

まず、個々の指標値を、幸福度に貢献するほど大きな数になるように方向を揃える。例えば、若年完全失業率は、値が小さいほうが幸福度に貢献すると想定しているため、指標値の正負を入れ替えることで、方向を合わせた。

そして、方向を合わせた基本指標と評価指標を均等加重（equal weighting）して合計した値を都道府県別幸福度ランキングとした。また、分野・領域ごとの評価指標は、各評価指標を均等加重して合計している。

(4) 枠組みの頑健さ (Robustness)

以上のような枠組みでランキングしたのちに、指標の選択、正規化および集約にあたって採用した手法と判断が妥当かどうかを検討した。ここでは個々の指標値の変化やゆれが総合指標である幸福度ランキングに

適切に反映されるか、という視点から枠組みの頑健さを確認する。

まず、指標を集約するにあたっては、指標間の関係を吟味する必要がある。例えば、相関がきわめて強い2つの指標を選択した場合、二重勘定（double counting）になり、それらの指標が過度に影響する可能性がある。ただし、その2つの指標を選択することが調査の設計からして妥当な場合があり、相関の強さだけでは指標を除去することはできない。

そこで妥当性を確認するために、主成分分析（PCA: principal components analysis）を用いた。主成分分析は、個々の変量ではなく、データに含まれる変量全体の構造を明らかにするための統計手法であり、数多い変量が少数の主成分にまとめられ、データには主成分ごとに主成分スコアが与えられる。基本指標と評価指標を変量として分析すると、ランキングに影響を与えている指標は健康、仕事、生活、教育分野に散らばっており、また、現行指標と先行指標もほぼ等しく影響を与えていた。ただし、文化分野の指標はランキングへの影響が少なかった。結論として、いくつかの指標間に相関があるが、都道府県の特性を表現する上で不適切なものではなく、指標の選択は妥当であると判断した。

また、正規化の方法も総合指標に影響を及ぼす。今回は、正規化の方法として標準変化量を用いたため、外れ値（outlier）などの極端な値が指標全体に影響する可能性がある。今年度の調査では、55指標のうち、外れ値がない指標が10指標となっている。言い換えれば、ほとんど指標は外れ値を含んでいる。例えば、留学生数では東京都と大分県、語学教育にかける費用では長崎県、地縁団体数は島根県などが飛び抜けている。ここでは、各指標値がそれぞれの都道府県の特性を表していると解釈し、このような特性を重ね合わせると、個々の外れ値の影響は相殺されると見込んだ。また、東京都、北海道および沖縄県には外れ値が多い。これは、それぞれの都道府県が他と大きく異なる歴史をもつことを反映していると解釈し、他の都道府県のランキングには影響しないと予想した。

まず、外れ値を多く含む北海道、東京都、沖縄県を除いた44府県を対

象に、同じ枠組みでランキングを計算すると、いくつかの都道府県で1つか2つ順位が上下しているが、順位相関係数（rank correlation coefficient）は高いため、今回の指標は頑健であろうと判断した。

次に、外れ値によるこれ以外の影響を確かめるために、外れ値の影響を受けにくい順序数（データの値の順序を示した値）で正規化してランキングした。全体として幸福度が高いグループと低いグループに入れ替わりはなかったため、標準変化量を用いた総合指標は頑健であろうとみなした。一方、10位以上の大きな順位の変動が、群馬県、島根県、広島県に、5位以上の変動が東京都、石川、兵庫県、奈良県、和歌山県、島根県、山口県と鹿児島県に見られた。これは、先ほどの主成分分析の結果に照らして、主成分に強く影響している指標に特徴があるか、似たような主成分スコアが多い都道府県は変動しやすいためであろうと推測した。主成分に対する影響力の強い指標に特徴がある県は東京都（人口増加率、一人あたり県民所得）、島根県（選挙投票率、地縁団体数）、山口県（労働生産性）などである。同じようなスコアの県が多いのは、群馬県、石川県、奈良県、和歌山県、広島県や鹿児島県である。

このような分析によって確認された都道府県別幸福度ランキングの指標の特性は、来年度以降の調査や、幸福度に関する理論の進展を取り込んで、指標の選択や集約の方法を洗練していく中で反映していく予定である。

2　総合ランキング

総合ランキングは、各都道府県における人々の幸福感や満足度に関係する生活・社会基盤の全体に資すると考えられる基本指標5指標と、人々が感じる幸福感や生活満足度を具体的に評価する際の尺度として考えられる5分野10領域50指標の合計55指標を相対化して算出した得点

図2-1 総合得点および基本指標、5分野別得点

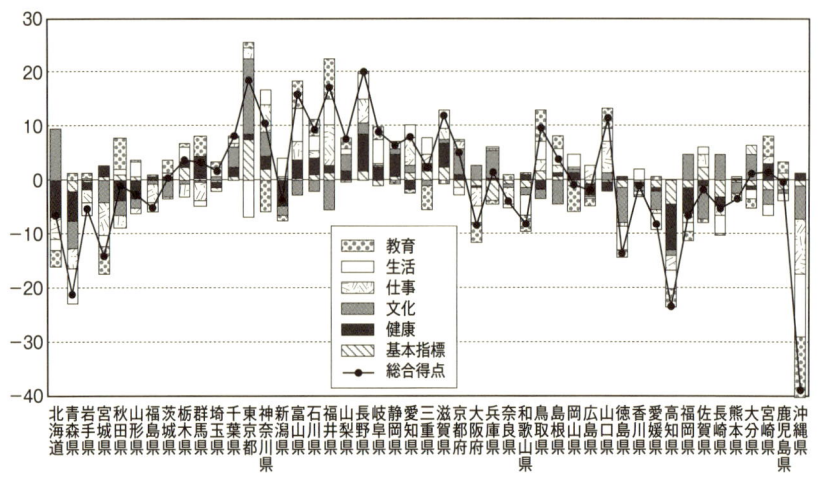

を統合した結果である（得点の算出方法については「1.2 ランキングの解析方法」参照）。この結果は、あくまでも前述した考え方に基づいて評価したものであり絶対的なものではないが、結果を見る上で重要なことは、人々がより幸福や満足感を感じられる地域づくりに向けて地方自治体が何に取り組む必要があるのか、住民一人ひとりが何をすべきかなのかを思考することにある。このような視点に立ち、各都道府県のランキング結果を見てほしい。

図2-1は、基本指標および5分野別得点を積み重ねて表示したものである（図中の折れ線グラフが総合得点を示す）。これを見ると、それぞれの都道府県において得点の高い分野、低い分野がわかるが、総合得点では関東、北陸、東海、中国地方の都県の得点が高い一方で、北海道、東北、四国、九州の道県の得点が低くなっている。

また、図2-2は総合ランキング順位を日本地図に示したものである。地理的に見ると、ランキング上位の都道府県は日本列島の中央部を中心に分布していることが理解できる。

図2-2　総合ランキング順位

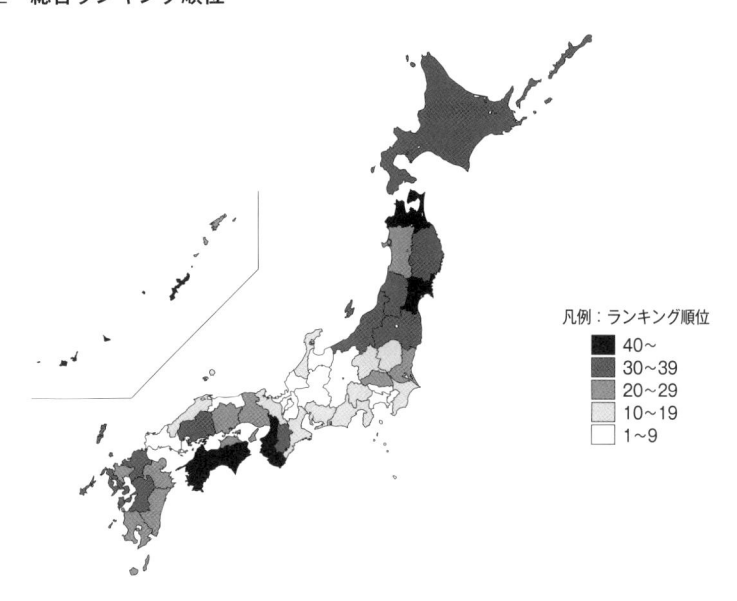

凡例：ランキング順位
- 40〜
- 30〜39
- 20〜29
- 10〜19
- 1〜9

2.1　総合ランキング1位は長野県

総合ランキングおよび基本指標5分野別順位一覧を表2-7に示す。

分析の結果、総合ランキングの1位が長野県、2位が東京都、3位が福井県である。また、富山県、滋賀県、山口県、神奈川県、鳥取県、石川県、岐阜県が上位10位以内を占める。

これら上位の都県では、基本指標および5分野のうち4分野以上で10位以内である（分野横断的にランキングが高い）のは5県、特定分野の得点が高いことにより上位であるのが2都県である。前者は、総合1位の長野県をはじめ、富山県、滋賀県、神奈川県、鳥取県であり、後者には東京都や山口県が該当する。東京都では「基本指標」（一人あたり県民所得）と「文化」（海外渡航者率、留学生数）、山口県では「文化」（書籍購入額）や「仕事」（障碍者雇用率、製造業労働生産性）、「生活」（一般廃棄物リサイクル率）の寄与が大きい。これは、「ランキングの解析方

表2-7 総合ランキング（順位）および基本指標、5分野別順位一覧

総合ランキング（順位）	都道府県	基本指標、5分野別順位					
		基本指標	健康分野	文化分野	仕事分野	生活分野	教育分野
1	長野県	7	1	12	5	2	23
2	東京都	1	17	1	9	46	17
3	福井県	10	16	44	1	3	1
4	富山県	19	6	37	6	1	4
5	滋賀県	2	2	18	10	6	32
6	山口県	28	36	14	2	14	5
7	神奈川県	5	10	8	3	12	46
8	鳥取県	6	38	31	12	5	3
9	石川県	12	5	35	14	13	8
10	岐阜県	33	9	20	21	4	9
11	千葉県	13	12	9	23	21	22
12	愛知県	9	37	13	4	16	30
13	山梨県	24	11	10	26	22	12
14	静岡県	15	3	15	27	19	28
15	京都府	37	19	4	16	31	21
16	島根県	16	21	42	15	7	11
17	栃木県	3	18	27	36	10	20
18	群馬県	18	4	21	43	29	7
19	三重県	8	13	28	11	9	43
20	宮崎県	42	7	38	17	34	6
21	埼玉県	25	34	16	30	18	16
22	兵庫県	46	25	3	24	25	31
23	大分県	35	29	7	13	32	38
24	茨城県	23	24	39	28	23	10
25	鹿児島県	43	26	24	18	30	13
26	香川県	29	31	29	29	17	27
27	岡山県	34	14	17	25	15	44
28	秋田県	11	42	36	38	24	2
29	佐賀県	4	33	46	8	20	29
30	広島県	30	40	22	7	28	35
31	山形県	14	41	33	33	11	24
32	熊本県	27	27	34	22	26	36
33	新潟県	20	43	32	20	8	33
34	奈良県	31	28	26	40	27	18
35	岩手県	26	35	19	37	38	15
36	福島県	22	22	23	41	35	25
37	長崎県	45	39	6	34	42	26
38	北海道	21	46	2	45	36	39
39	福岡県	39	44	5	35	33	37
40	和歌山県	38	20	30	19	43	40
41	愛媛県	41	30	40	32	40	19
42	大阪府	32	32	11	42	39	42
43	徳島県	40	23	47	31	44	34
44	宮城県	17	8	41	46	37	45
45	青森県	44	45	43	44	45	14
46	高知県	47	47	25	39	41	41
47	沖縄県	36	15	45	47	47	47

法」でも説明したとおり、各指標が含んでいる外れ値による影響であるが、本分析ではこれを都道府県の特性として解釈している。

また、総合ランキング上位の都道府県でも、分野別に見るとランキング下位となっているものもある。総合1位の長野県は「教育」が23位、総合2位の東京都は「生活」が46位、総合3位の福井県は「文化」が44位である。今後は、これら下位となった分野における取り組みの推進が期待される。

2.2 総合ランキング47位は沖縄県

一方、ランキング下位は、47位が沖縄県、46位が高知県、45位が青森県、44位が宮城県、43位が徳島県である。これらの県では、特に「仕事」や「生活」分野などの順位が低い傾向が見られる。

ただし、下位3県の他の分野の順位は決して下位ではなく、沖縄県では「健康」(生活習慣病受療数、健康寿命)、高知県では「文化」(「学術、文化、芸術又はスポーツの振興を図る活動」を行うNPO認証数、語学教室にかける金額)、青森県では「教育」(学力)など、各県の強みともいえるこうした分野を含めて、魅力向上に資する取り組みの推進が期待される。

3 基本指標の状況と特徴

基本指標は、人々の幸福感や満足度に関係する生活・社会基盤の全体に資すると考えられる5つの指標で構成される。具体的には、人口動態や所得(経済基盤)、食料自給率など各都道府県の基本的な社会・経済構造、人々の地域・国づくりへの参加を示す選挙投票率、地方自治体の財政状況であり、これらは各都道府県の地域力や行政力を表す指標として捉えている。

図2-3 都道府県別人口増加率（2005～2010年）

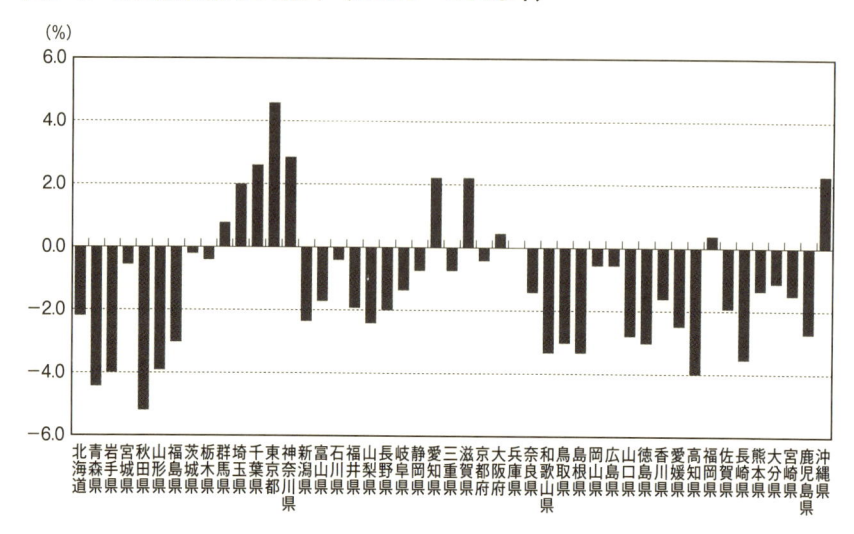

選定した5つの指標について、直近の統計から読み取れる特徴は次のように整理される。

3.1 人口増加率（2005～2010年）

人口は、都道府県における最も基礎的な指標であり、この変動を見ることは都道府県が抱える課題や将来に向けた政策の方向性を検討する上でも必要不可欠な情報である。

◎都市部への集中が進む人口

我が国では、2005～2010年の間に人口がピークを迎え、今後は緩やかに人口減少が続くと見られている。

都道府県別に2005～2010年の5年間における人口増加率を見ると、東京都（4.6%）、神奈川県（2.9%）、千葉県（2.6%）、沖縄県（2.3%）、愛知県（2.2%）、滋賀県（2.2%）、埼玉県（2.0%）など都市部を中心として人口増加が続いている（図2-3、表2-8参照）。また、大阪府や福岡県な

表2-8 都道府県別人口増加率（2005～2010年）ランキング

順位	都道府県	人口増加率(%、2005～2010年)
1	東京都	4.6
2	神奈川県	2.9
3	千葉県	2.6
4	沖縄県	2.3
5	愛知県	2.2
6	滋賀県	2.2
7	埼玉県	2.0
8	群馬県	0.8
9	大阪府	0.5
10	福岡県	0.4
11	兵庫県	0.0
12	茨城県	−0.2
13	栃木県	−0.4
14	石川県	−0.4
15	京都府	−0.4
16	宮城県	−0.5
17	岡山県	−0.6
18	広島県	−0.6
19	静岡県	−0.7
20	三重県	−0.7
21	大分県	−1.1
22	岐阜県	−1.3
23	熊本県	−1.3
24	奈良県	−1.4
25	宮崎県	−1.5
26	香川県	−1.6
27	富山県	−1.7
28	福井県	−1.9
29	佐賀県	−1.9
30	長野県	−2.0
31	北海道	−2.2
32	新潟県	−2.3
33	山梨県	−2.4
34	愛媛県	−2.5
35	鹿児島県	−2.7
36	山口県	−2.8
37	福島県	−3.0
38	鳥取県	−3.0
39	徳島県	−3.0
40	和歌山県	−3.3
41	島根県	−3.3
42	長崎県	−3.5
43	山形県	−3.9
44	岩手県	−4.0
45	高知県	−4.0
46	青森県	−4.4
47	秋田県	−5.2

（出典）「国勢調査」（総務省統計局）

どでも若干の人口増加は見られるが、他の道府県では軒並み人口が減少しており、特に、秋田県（−5.2％）、青森県（−4.4％）、高知県（−4.0％）、岩手県（−4.0％）、山形県（−3.9％）では人口の減少割合が大きい。

後述するように（「6　基本指標と先行指標の経年変化」を参照）、2000～2005年における人口が増加しているのは上述した都県とほぼ同じであるが、東京都、千葉県、埼玉県など都市部では2005～2010年の人口増加率が前5年の増加率よりも高まっており、人口の集中が進んでいることがうかがえる。

人口の増加要因は、大きくは出生数と死亡数の差である自然増と、転

図2-4　都道府県別一人あたり県民所得（2009年度）

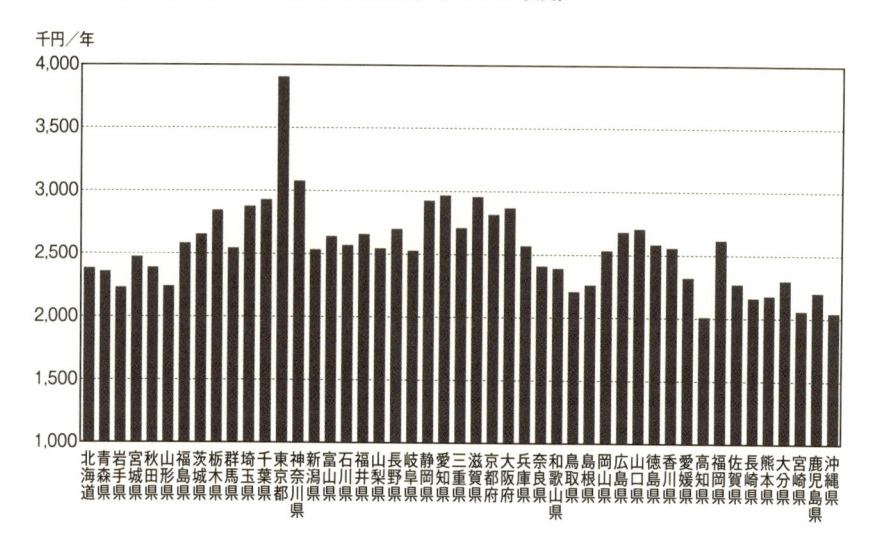

入と転出の差である社会増に分けられる。自然増は、若い世代の多さや出生率の高さなどに影響されるものであり、沖縄県の人口増加は自然増による影響が大きい。一方で、社会増では大学等への就学機会の多さ、経済活動の活発さ（就労機会の多さ）、住宅開発等による影響など、様々な要因が考えられる。相対的に経済活動が活発で、高等教育機関の多い都市部では人口増加率に占める社会増の影響が大きいと考えられる。ただし、地方自治体の医療福祉や教育サービス水準、就労や住まいへの支援策などが転出入に影響することも考えられる。様々なライフステージにある住民に対するきめ細かな行政サービス水準を向上させ、地域の魅力を高める地方自治体の取り組みが期待される。

3.2　一人あたり県民所得（2009年）

　一人あたりの県民所得は、都道府県の経済活動規模を示す県内総生産と相関の高い指標である。もとより、所得（経済基盤）は人々の生活や企業活動の上で必要不可欠なものであり、その重要性は改めて触れるま

表2-9 都道府県別一人あたり県民所得ランキング

順位	都道府県	一人あたり県民所得（千円／人、2009年度）	順位	都道府県	一人あたり県民所得（千円／人、2009年度）
1	東京都	3,907	25	群馬県	2,535
2	神奈川県	3,086	26	岡山県	2,534
3	愛知県	2,970	27	新潟県	2,529
4	滋賀県	2,955	28	岐阜県	2,520
5	静岡県	2,926	29	宮城県	2,478
6	千葉県	2,917	30	奈良県	2,408
7	大阪府	2,879	31	和歌山県	2,394
8	埼玉県	2,867	32	北海道	2,369
9	栃木県	2,859	33	青森県	2,366
10	京都府	2,815	34	秋田県	2,356
11	三重県	2,731	35	愛媛県	2,323
12	山口県	2,708	36	大分県	2,290
13	長野県	2,701	37	佐賀県	2,272
14	広島県	2,685	38	島根県	2,265
15	福井県	2,663	39	山形県	2,223
16	茨城県	2,653	40	岩手県	2,214
17	富山県	2,638	41	鹿児島県	2,207
18	福岡県	2,626	42	鳥取県	2,199
19	徳島県	2,590	43	熊本県	2,183
20	兵庫県	2,580	44	長崎県	2,155
21	福島県	2,574	45	宮崎県	2,068
22	石川県	2,569	46	沖縄県	2,045
23	香川県	2,551	47	高知県	2,017
24	山梨県	2,542			

（注）県民所得には、「県民雇用者所得」のほか、「財産所得」、「企業所得」が含まれる。
（出典）「県民経済計算年報」（内閣府）

でもないが、県民所得の源である各種産業の構造や集積度合いは都道府県によって大きく異なっており、それが県民所得にも大きく影響している。

◎都道府県間の一人あたり所得格差は最大1.94倍

2009年度における一人あたり県民所得の上位10位以内を見ると、東京都（391万円）、神奈川県（309万円）、愛知県（297万円）、滋賀県（296万円）、静岡県（293万円）、千葉県（292万円）、大阪府（288万円）、埼玉県（287万円）、栃木県（286万円）、京都府（282万円）など、主に三

大都市圏に属する都府県が占めている（図2-4、表2-9参照）。

一方で、ランキングの下位を見ると、高知県（202万円）、沖縄県（205万円）、宮崎県（207万円）、長崎県（216万円）、熊本県（218万円）などであり、四国〜九州・沖縄に偏っていることがうかがえる。

この結果には、大都市と地方の産業構造の違いが顕著に表われており、ランキングトップの東京都と47位の高知県の一人あたり県民所得を比較すると、実に1.94倍の格差である。

各都道府県における産業振興を図る上では、既存産業の高度化（高付加価値化）、各都道府県の状況を踏まえた重点産業の戦略的な育成・参入の促進、グローバルな市場に対応した事業展開の促進、超高齢社会における地域内の人々の様々なニーズに対応する事業の創出、質の高い人材の育成など、様々な視点が考えられる。今後の人口減少と高齢化を踏まえ、地方自治体がそれぞれの持つ特性を生かしながら将来に向けた産業振興ビジョンを描き、それを着実に実行することが求められる。

3.3 選挙投票率（国政選挙）

選挙投票率（国政選挙）は、成人した人々の義務（権利）とされる政治に直接参加する機会である投票を通じ、より良い地域や国家の形成に自らが関与するとともに、その結果に責任を負う必要があるという問題認識のもとに選定した指標である。今回の分析では、2009年8月30日に実施された衆議院選挙小選挙区・比例代表投票率を用いている。

◎若者世代の多い地域では投票率が低い

選挙投票率の上位には島根県（78.3％）、石川県（75.7％）、長野県（75.7％）、鳥取県（75.3％）、山形県（74.9％）など、比較的人口規模の小さい県が占めている（図2-5、表2-10参照）。

一方で、ランキングの下位を見ると、千葉県（64.9％）、沖縄県（64.9％）、埼玉県（66.3％）、東京都（66.4％）、大阪府（66.8％）、兵庫県

図2-5　都道府県別選挙投票率（国政選挙、2009年）

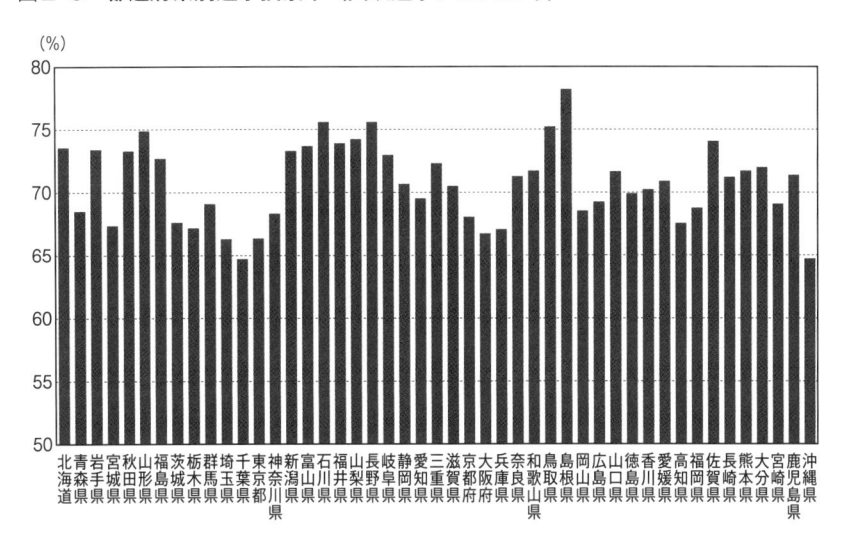

（67.0％）が占めており、沖縄県を除き大都市圏に属する都府県が多い。ランキング下位の都府県に共通している特徴は、20歳以上人口に占める20〜30代の割合が30％を超えており、若い世代の人口割合が高いことである。つまり、高齢者の割合が高い地域ほど投票率は高まり、若い世代が多い地域ほど低くなる傾向がある。

　選挙投票率は、個人の主体的な政治への参加による地域や国づくりへの態度を表す代理指標であるが、民主主義社会において自らの参政権を行使し新たな地域・国づくりに参加することは人々の権利であると同時に義務でもある。一人ひとりがこの権利と義務を行使する態度は、個人の自立自尊の意識を醸成し、住民主体の地域づくりにも通じると考えられる。

　特に、若い世代が政治への参加を通じて地域や国を自らが考える魅力的な方向に変えられるとの意識を持つことが、社会全体の活力の向上に結びつくことになり、そのきっかけは地方自治体や国などの各分野における取り組みとも深く関係していると考えられる。

表2-10　都道府県別選挙投票率（国政選挙）ランキング

順位	都道府県	国政選挙投票率 (%、2009年)	順位	都道府県	国政選挙投票率 (%、2009年)
1	島根県	78.3	25	静岡県	70.8
2	石川県	75.7	26	滋賀県	70.6
3	長野県	75.7	27	香川県	70.3
4	鳥取県	75.3	28	徳島県	70.1
5	山形県	74.9	29	愛知県	69.6
6	山梨県	74.3	30	広島県	69.3
7	佐賀県	74.2	31	宮崎県	69.1
8	福井県	74.1	32	群馬県	69.1
9	富山県	73.7	33	福岡県	68.8
10	北海道	73.6	34	岡山県	68.6
11	岩手県	73.4	35	青森県	68.5
12	新潟県	73.4	36	神奈川県	68.3
13	秋田県	73.3	37	京都府	68.2
14	岐阜県	73.1	38	高知県	67.6
15	福島県	72.8	39	茨城県	67.6
16	三重県	72.4	40	宮城県	67.3
17	大分県	72.1	41	栃木県	67.3
18	山口県	71.8	42	兵庫県	67.0
19	熊本県	71.7	43	大阪府	66.8
20	和歌山県	71.7	44	東京都	66.4
21	鹿児島県	71.5	45	埼玉県	66.3
22	奈良県	71.5	46	沖縄県	64.9
23	長崎県	71.3	47	千葉県	64.9
24	愛媛県	70.9			

（出典）「衆議院総選挙・最高裁判所裁判官国民審査結果調（第45回衆議院議員総選挙結果（21.8.30執行））」（総務省）

3.4　食料自給率（カロリーベース）

　異常気象やバイオ燃料の需要の高まり等により、世界的な食料不足に対する懸念が高まっている。我が国の食料自給率は2010年には39％まで低下しており、多くを海外からの輸入に依存しながら生活している。国内の状況を見ると、都道府県別の食料自給率には大きな地域差が見られ、北海道や東北では高い自給率である一方、大都市に暮らす人々の食料のほとんどは地方や海外に依存する構造となっている。本分析では、食料自給率は人々の生活・社会基盤の1つであり、地域の自立自尊を促す要

図2-6 都道府県別食料自給率（カロリーベース、2010年）

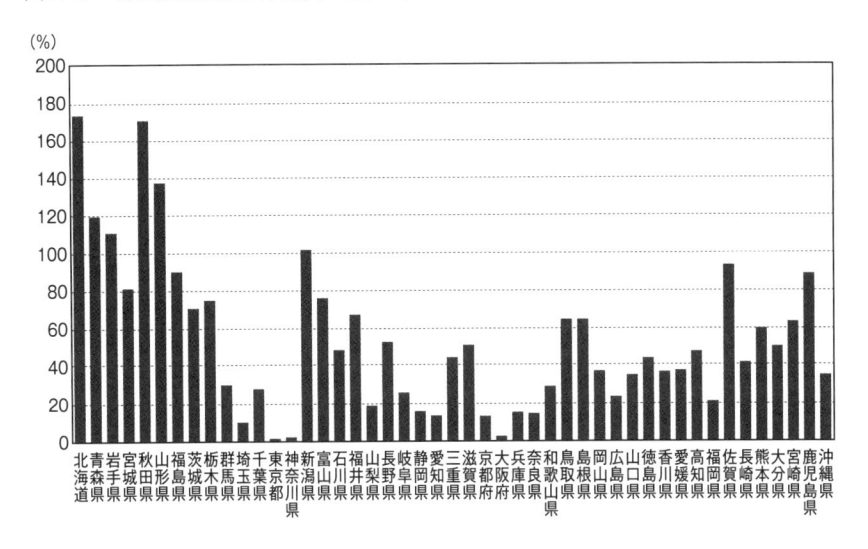

素の1つと位置付けている。

◎東京、神奈川、大阪の食料自給率はわずか1～2%

　2010年度の食料自給率（カロリーベース）が100%を超えているのは、北海道、青森県、岩手県、秋田県、山形県および新潟県の6道県のみである（図2-6、表2-11参照）。中でも、北海道と秋田県は自給率が170%を超えており、また山形県でも140%近い自給率となっている。

　一方で、食料自給率が低いのは、東京都（1%）、神奈川県と大阪府（ともに2%）、埼玉県（10%）、京都府や愛知県（ともに13%）など三大都市圏に集中している。都市部に暮らす人々の食料は、北海道や東北など地方によって支えられている現実を改めて認識させられる結果である。

　しかしながら、流通システムが発達している現代の日本社会において、都市部における極端な食料自給率の低さを"都道府県間の適切な機能分担"と捉えるか、あるいは危機意識を持って捉えるかなど評価は多様である。今後、豊かで安全・安心な地域社会づくりを進めていく上では東

表2-11　**都道府県別食料自給率（カロリーベース）ランキング**

順位	都道府県	食料自給率 (%、2010年)	順位	都道府県	食料自給率 (%、2010年)
1	北海道	173	25	三重県	44
2	秋田県	171	26	長崎県	42
3	山形県	138	27	岡山県	38
4	青森県	119	28	愛媛県	38
5	岩手県	111	29	香川県	37
6	新潟県	101	30	山口県	34
7	佐賀県	94	31	沖縄県	34
8	福島県	90	32	群馬県	30
9	鹿児島県	89	33	和歌山県	29
10	宮城県	81	34	千葉県	28
11	富山県	77	35	岐阜県	26
12	栃木県	74	36	広島県	24
13	茨城県	71	37	福岡県	21
14	福井県	67	38	山梨県	19
15	島根県	65	39	静岡県	17
16	宮崎県	65	40	兵庫県	16
17	鳥取県	64	41	奈良県	15
18	熊本県	60	42	愛知県	13
19	長野県	52	43	京都府	13
20	滋賀県	51	44	埼玉県	10
21	石川県	50	45	神奈川県	2
22	大分県	50	46	大阪府	2
23	高知県	48	47	東京都	1
24	徳島県	45			

（出典）「都道府県別食料自給率について」（農林水産省）

日本大震災などに見られた物流機能のマヒなど、各種障害を想定した上での取り組みが必要不可欠と考えられるが、食料自給率は、その1つの方向性を具体的に議論・検討する指標として取り上げたものでもある。

3.5　財政健全度

　財政健全度は、都道府県の財政状況を偏差値として表したものである。同指標は、各都道府県の①実質収支比率、②財政力指数、③経常収支比率、④実質公債費比率、⑤将来負担比率の実数値から偏差値を計算し、その5つの偏差値の平均値を得点として順位付けしている。

図2-7　都道府県別財政健全度（2010年度）

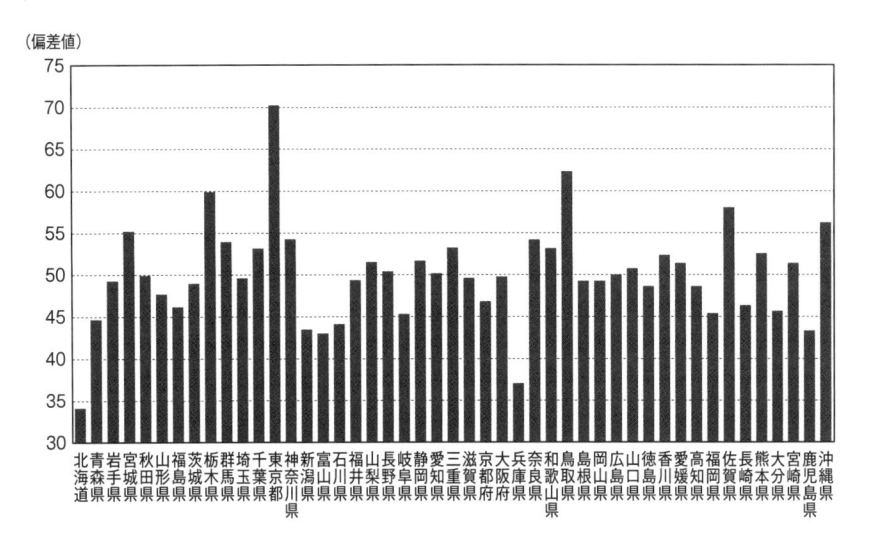

(偏差値)

横軸：北海道　青森県　岩手県　宮城県　秋田県　山形県　福島県　茨城県　栃木県　群馬県　埼玉県　千葉県　東京都　神奈川県　新潟県　富山県　石川県　福井県　山梨県　長野県　岐阜県　静岡県　愛知県　三重県　滋賀県　京都府　大阪府　兵庫県　奈良県　和歌山県　鳥取県　島根県　岡山県　広島県　山口県　徳島県　香川県　愛媛県　高知県　福岡県　佐賀県　長崎県　熊本県　大分県　宮崎県　鹿児島県　沖縄県

◎現在の財政力、将来世代の負担率ともに東京都がトップ

　2010年度における都道府県の財政健全度（偏差値）の上位は、東京都が70.2で最も高く、次いで鳥取県が62.1、栃木県59.9、佐賀県58.1、沖縄県56.4の順である（図2-7、表2-12参照）。一方、財政健全度の下位には、北海道34.1、兵庫県37.0、富山県43.0、新潟県43.4、鹿児島県43.4などの道県が占めている。

　財政健全度を構成する5つの指標別に見ると、現在の財政力を表す財政力指数が1を超えているのは東京都と愛知県のみである。また、将来世代の負担に関わる実質公債費比率や将来負担比率は、財政健全度の上位にある各県では相対的に低い水準にあることがうかがえる。

　経済活動が鈍化し税収の落ち込みにより都道府県の財政状況も厳しさを増していると考えられるが、各都道府県の強みを生かし将来を見据えた戦略的な産業振興ビジョンのもとに有力企業を誘致したり、新たな産業振興施策を展開するなどして、中長期的な財政改善への取り組みが期待される。次の第4節では分野別のランキング結果を紹介するが、その

> **用語解説**
>
> 【実質収支比率】
> 　形式収支（歳入－歳出）から翌年度に繰り越すべき財源を控除した決算額。歳入の中には前年度の実質収支が繰越金として含まれており、実質収支には過去からの収支の赤字・黒字要素が含まれる。
>
> 【財政力指数】
> 　地方自治体の財政力を示す指数。指数値が大きい方が財政に余裕があることを表している。（指数が1.0を上回れば地方交付税交付金の不交付団体となる。）
>
> 【経常収支比率】
> 　人件費や公債費等の経常的な支出に対して税収等の経常的収入がどの程度充当されているか、財政の弾力性を示す指標。数値が小さい方が財政の弾力性が高いことを表している。
>
> 【実質公債費比率】
> 　実質的な公債費（地方債の元利償還金）が財政に及ぼす負担割合を表す指標である。数値が低い方が公債費負担割合が低いことを表している。
>
> 【将来負担比率】
> 　将来負担しなければならない負債（第三セクターや公社の負債も含む）の割合を表す指標である。数字が大きいほど、将来世代の負債が大きいことを表している。

（出典）「地方財政白書」（総務省）ほか、自治体ホームページによる用語解説をもとに作成

中にも財政改善に寄与すると考えられる指標もあるため、参考にしてほしい。

4　5分野（10領域）別ランキング

　本節では、前節までの総合ランキング及び基本指標の状況と特徴（ランキング）に続き、5分野別ランキングを提示する。5分野とは、人々が幸福を感じる要素として想定する「健康」、「文化」、「仕事」、「生活」、「教育」である。
　また、各分野を構成する2つの領域ごとのランキング（10領域別ランキング）も行っている。この領域は、各分野における幸福感をもたらし

表2-12　都道府県別財政健全度（2010年度）ランキング

都道府県	財政健全度得点（平均偏差値）順位		実質収支比率（%）順位		財政力指数 順位		経常収支比率（%）順位		実質公債費比率（%）順位		将来負担比率（%）順位	
東京都	1	70.2	4	3.5	1	1.162	45	94.5	1	2.2	1	93.6
鳥取県	2	62.1	1	4.1	45	0.262	2	86.5	8	11.7	3	125.1
栃木県	3	59.9	9	2.0	12	0.595	3	87.0	6	11.5	5	155.8
佐賀県	4	58.1	8	2.3	35	0.324	1	85.9	15	13.8	4	137.1
沖縄県	5	56.4	20	1.1	43	0.289	10	88.5	4	11.2	2	99.3
宮城県	6	55.0	4	3.5	17	0.522	7	88.2	24	15.1	37	254.5
神奈川県	7	54.3	36	0.5	3	0.938	41	93.9	2	9.9	16	193.1
奈良県	8	54.2	13	1.7	26	0.419	9	88.3	6	11.5	22	215.8
群馬県	9	54.0	20	1.1	14	0.579	28	91.5	3	10.6	8	179.4
三重県	10	53.2	15	1.5	16	0.574	24	91.0	12	13.0	14	191.3
和歌山県	11	53.1	15	1.5	34	0.328	11	89.1	9	11.8	13	190.4
千葉県	12	52.8	32	0.7	4	0.774	33	92.6	4	11.2	19	206.3
熊本県	13	52.6	6	3.4	32	0.370	23	90.8	25	15.2	23	217.3
香川県	14	52.5	7	2.4	21	0.467	20	90.2	25	15.2	20	209.8
静岡県	15	51.6	23	1.0	7	0.715	17	89.7	20	14.3	36	251.8
宮崎県	16	51.5	32	0.7	39	0.305	3	87.0	35	16.1	6	165.3
愛媛県	17	51.5	23	1.0	28	0.406	6	87.6	38	16.8	10	183.2
山梨県	18	51.4	10	1.8	30	0.402	7	88.2	32	15.7	25	227.6
山口県	19	51.0	19	1.3	25	0.437	13	89.3	16	13.9	24	226.1
長野県	20	50.4	20	1.1	22	0.461	17	89.7	27	15.4	18	204.8
広島県	21	50.2	23	1.0	13	0.584	15	89.4	17	14.2	39	262.8
秋田県	22	49.8	27	0.9	44	0.285	5	87.1	21	14.4	28	236.0
愛知県	23	49.8	35	0.6	2	1.004	45	94.5	14	13.4	40	264.3
大阪府	24	49.7	10	1.8	5	0.760	26	91.3	41	17.6	41	266.8
埼玉県	25	49.5	36	0.5	6	0.755	36	93.3	13	13.3	27	229.5
福井県	26	49.5	14	1.6	27	0.408	25	91.1	27	15.4	21	210.2
滋賀県	27	49.3	39	0.4	15	0.576	11	89.1	30	15.6	31	239.5
岡山県	28	49.2	36	0.5	19	0.514	15	89.4	23	14.8	29	237.7
岩手県	29	49.1	2	3.7	38	0.306	27	91.4	30	15.6	45	286.1
島根県	30	49.1	15	1.5	47	0.236	13	89.3	39	17.0	12	187.0
茨城県	31	48.8	32	0.7	8	0.638	20	90.2	17	14.2	44	280.3
徳島県	32	48.7	3	3.6	40	0.304	19	89.9	46	21.2	30	238.6
高知県	33	48.6	10	1.8	46	0.240	31	92.4	32	15.7	7	168.6
山形県	34	47.7	23	1.0	36	0.323	20	90.2	17	14.2	34	243.1
京都府	35	46.6	44	0.1	9	0.610	38	93.6	10	12.8	35	249.0
長崎県	36	46.4	41	0.3	41	0.297	40	93.7	10	12.8	9	183.0
福島県	37	46.1	44	0.1	24	0.445	43	94.2	21	14.4	11	183.4
大分県	38	45.7	40	0.8	33	0.353	41	93.9	34	15.8	15	191.5
福岡県	39	45.4	42	0.2	11	0.597	35	92.9	27	15.4	38	257.9
岐阜県	40	45.2	15	1.5	18	0.521	38	93.6	44	19.6	26	227.8
青森県	41	44.7	29	0.8	37	0.316	30	92.3	42	18.1	17	204.3
石川県	42	44.3	42	0.2	20	0.472	33	92.6	37	16.7	32	241.1
鹿児島県	43	43.4	27	0.9	42	0.292	36	93.3	36	16.4	33	242.4
新潟県	44	43.4	29	0.8	29	0.404	31	92.4	40	17.1	43	274.6
富山県	45	43.0	39	0.4	23	0.459	29	92.2	43	18.2	42	267.2
兵庫県	46	37.0	44	0.1	10	0.606	45	94.5	45	21.0	47	350.2
北海道	47	34.1	44	0.1	31	0.388	43	94.2	47	24.1	46	330.2

（出典）「都道府県決算状況調」（総務省）

得る様々な事象を1つの集まりとして表現し、地方自治体の政策や施策の区分ともある程度関連すると考えられる代表的な2つを設定している。

また、各領域に5つの指標、つまり各分野で10の指標を設けている。さらに、各領域の5つの指標は、具体的に都道府県の現状や課題を示す"現行指標"と将来を見通すための"先行指標"（＝目指すべき方向の議論を深める上で参考となる指標）で構成される。

なお、分野別・領域別ランキングについても、総合ランキングと同様、第1節の「ランキングの解析方法」により順位付けを行っている。このうち、ランキングの要因や今後の展望等については、代表的な指標を中心に取り上げる。また、個々の指標及びランキング状況については、後述の「5　各指標の状況と特徴」で紹介する。なお、個々の指標の詳細な分析データについては、巻末の「出典一覧」を参照されたい。

4.1 健康

人々が社会生活を送る上で基本的な要素であり、かつ最も欠かせない基盤である健康については、幸福度を構成する要素として、病気やケガをした場合にも治療を受けられる等安心して日常生活や社会生活を送ることができる社会基盤の充実を表す「医療・福祉」、健康づくりが個人の心掛け・行動に負う面が大きいことから自ら積極的に健康づくりに取り組む心掛け・行動を表す「運動・体力」の2領域を設定している。

「医療・福祉」領域では、日本人の死因上位三位（死因の57％）を占める悪性新生物、心疾患、脳血管疾患に糖尿病を加えた生活習慣病と、患者数が平成20年に104.1万人まで増加したうつ等の気分（感情）障害による疾病状況を示す「生活習慣病受療者数」、「気分［感情］障害（うつ等）受療者数」の2つを現行指標として選定した。また、我が国の人口が2007年をピークに減少に転じ、今後より一層顕著となる少子高齢化の課題に対し、安心して子どもを出産できる環境の確保に加え、介護が必要となっても在宅で生活できる環境、高齢者が社会活動への参加を通

表2-13 都道府県別「健康」分野ランキング

順位	都道府県	順位	都道府県	順位	都道府県
1	長野県	17	東京都	33	佐賀県
2	滋賀県	18	栃木県	34	埼玉県
3	静岡県	19	京都府	35	岩手県
4	群馬県	20	和歌山県	36	山口県
5	石川県	21	島根県	37	愛知県
6	富山県	22	福島県	38	鳥取県
7	宮崎県	23	徳島県	39	長崎県
8	宮城県	24	茨城県	40	広島県
9	岐阜県	25	兵庫県	41	山形県
10	神奈川県	26	鹿児島県	42	秋田県
11	山梨県	27	熊本県	43	新潟県
12	千葉県	28	奈良県	44	福岡県
13	三重県	29	大分県	45	青森県
14	岡山県	30	愛媛県	46	北海道
15	沖縄県	31	香川県	47	高知県
16	福井県	32	大阪府		

じて社会的役割を得て生き生きと暮らせる環境の整備の重要性が高まるという視点のもとに「産科・産婦人科医師数」、「ホームヘルパー数」、「高齢者ボランティア活動者比率」の3つを先行指標として選定した。

「運動・体力」領域では、疾病等に対する予防的な取り組みの重要性を測るという視点のもとに、人々が介護や医療による日常生活の制限を受けず、心身ともに健康に過ごせる健康保持の状況と健康保持に寄与する活動状況の現状を示すものとして「健康寿命」、「平均歩数」の2つを現行指標として選定した。また、より積極的・活動的な健康づくりに向けた行動、生活習慣の推進や社会基盤の整備の重要性が高まるという視点のもとに「基本健康診査受診率」、「体育・スポーツ施設数」、「スポーツの活動時間」の3つを先行指標として選定した。

◎「健康」分野ランキング（表2-13参照）
第1位：長野県　　第2位：滋賀県　　第3位：静岡県
健康分野1位の長野県、2位の滋賀県は、2領域ともに上位である。3

位から5位の静岡県、群馬県、石川県は、「医療・福祉」領域では中位以下であるが、「運動・体力」領域で上位である。

　一方で、47位の高知県は2領域ともに下位であり、また、46位の北海道は「医療・福祉」領域で47位、45位の青森県は「運動・体力」領域で47位であることがそれぞれ順位に影響している。

○「医療・福祉」領域ランキング（表2-14参照）
　第1位：和歌山県　　第2位：大阪府　　第3位：滋賀県
　医療・福祉領域1位の和歌山県は、先行指標の「ホームヘルパー数」が1位であるほか、「気分［感情］障害（うつ等）受療者数」、「産科・産婦人科医師数」でも上位である。一方で、先行指標の「高齢者ボランティア活動者比率」では41位であり、2位の大阪府同様に平均値を下回っている。

　また、46位の高知県は現行指標の「生活習慣病受療者数」で、47位の北海道は現行指標の「気分［感情］障害（うつ等）受療者数」で特に高い値であることが順位に影響している。

○「運動・体力」領域ランキング（表2-15参照）
　第1位：長野県　　第2位：石川県　　第3位：宮崎県
　運動・体力領域1位から3位までの長野県、石川県、宮崎県は、生涯にわたり心身ともに健康に過ごせることを示す現行指標の「健康寿命」で上位である。一方、47位から45位の青森県、福岡県、高知県ではいずれも「健康寿命」で下位である。

　また、現行指標の「平均歩数」では1位の兵庫県に続き、東京都、神奈川県が2位、3位であり、大都市を抱える都府県が上位を占める一方、先行指標の「体育・スポーツ施設数」では下位に位置する。これらは、公共交通機関の整備状況や人口密度等が一定程度影響しているものと考えられる。

表2-14　都道府県別「医療・福祉」領域ランキング

順位	都道府県	順位	都道府県	順位	都道府県
1	和歌山県	17	大分県	33	沖縄県
2	大阪府	18	静岡県	34	愛知県
3	滋賀県	19	京都府	35	熊本県
4	岡山県	20	広島県	36	山形県
5	神奈川県	21	群馬県	37	福岡県
6	長野県	22	奈良県	38	島根県
7	兵庫県	23	青森県	39	茨城県
8	宮城県	24	鳥取県	40	佐賀県
9	福井県	25	千葉県	41	石川県
10	岐阜県	26	香川県	42	鹿児島県
11	栃木県	27	長崎県	43	岩手県
12	徳島県	28	埼玉県	44	秋田県
13	富山県	29	山口県	45	新潟県
14	東京都	30	福島県	46	高知県
15	愛媛県	31	三重県	47	北海道
16	山梨県	32	宮崎県		

表2-15　都道府県別「運動・体力」領域ランキング

順位	都道府県	順位	都道府県	順位	都道府県
1	長野県	17	福島県	33	大分県
2	石川県	18	熊本県	34	愛媛県
3	宮崎県	19	神奈川県	35	山口県
4	群馬県	20	京都府	36	鳥取県
5	静岡県	21	佐賀県	37	北海道
6	富山県	22	東京都	38	長崎県
7	三重県	23	岩手県	39	秋田県
8	沖縄県	24	福井県	40	新潟県
9	鹿児島県	25	栃木県	41	山形県
10	千葉県	26	奈良県	42	和歌山県
11	滋賀県	27	香川県	43	広島県
12	茨城県	28	徳島県	44	大阪府
13	島根県	29	岡山県	45	高知県
14	岐阜県	30	愛知県	46	福岡県
15	宮城県	31	兵庫県	47	青森県
16	山梨県	32	埼玉県		

4.2 文化

　人々の心を豊かにする文化では、幸福度を感じさせる要素として、芸術文化などに触れる機会や、実際に伝統文化の継承に携わり、また新た

な文化を創造するなど文化を享受する姿勢や環境を表す「余暇・娯楽」、グローバル化が進展する中で、互いの文化を理解し、共に働き生活することにより国際的な感覚を身につける姿勢や、異質なものを包摂する開かれた地域社会の環境を表す「国際」の2領域を設定している。

「余暇・娯楽」領域では、生活における経済的・時間的・物理的制約の中で、文化を享受する環境を示すものとして「教養・娯楽（サービス）支出額」、「余暇時間」、「常設映画館数」の3つを現行指標として選定した。また、文化の認識・理解を深め、文化度を高める生活や取り組みにより地域の魅力を一層高めることが重要であるという視点のもとに「書籍購入額」、「『学術、文化、芸術又はスポーツの振興を図る活動』を行うNPO認証数」の2つを先行指標として選定した。

「国際」領域では、国際的文化の受容に関する現状の度合いを示すものとして「外国人宿泊者数」、「姉妹都市提携数」、「語学教室にかける金額」の3つを現行指標として選定した。また海外で異文化を積極的に学び、受け入れられる環境を整備し、将来国際的な活躍が望まれる人材を地域で育成していくことが重要であるという視点のもとに「海外渡航者率」、「留学生数」の2つを先行指標として選定した。

◎「文化」分野ランキング（表2-16参照）

第1位：東京都　　第2位：北海道　　第3位：兵庫県

文化分野では、東京都が1位であるほか、人口が密集する大都市を抱える道府県が上位を占めている。また、「国際」領域で上位を占める長崎県、大分県が6位、7位である。一方で、47位の徳島県、46位の佐賀県は2領域ともに下位を占め、45位の沖縄県は「余暇・娯楽」領域で47位であることが影響している。

例えば長崎県は、歴史的にも鎖国時代における国際交流の窓口としての重要な役割を果たすなど、歴史的に培われてきた国際性という特徴は、現代のグローバル社会においても強みと考えられる。各都道府県が魅力

表2-16　都道府県別「文化」分野ランキング

順位	都道府県	順位	都道府県	順位	都道府県
1	東京都	17	岡山県	33	山形県
2	北海道	18	滋賀県	34	熊本県
3	兵庫県	19	岩手県	35	石川県
4	京都府	20	岐阜県	36	秋田県
5	福岡県	21	群馬県	37	富山県
6	長崎県	22	広島県	38	宮崎県
7	大分県	23	福島県	39	茨城県
8	神奈川県	24	鹿児島県	40	愛媛県
9	千葉県	25	高知県	41	宮城県
10	山梨県	26	奈良県	42	島根県
11	大阪府	27	栃木県	43	青森県
12	長野県	28	三重県	44	福井県
13	愛知県	29	香川県	45	沖縄県
14	山口県	30	和歌山県	46	佐賀県
15	静岡県	31	鳥取県	47	徳島県
16	埼玉県	32	新潟県		

となるそれぞれの文化を磨くことで、地域に暮らす人々が誇りを感じ、幸福度・生活満足度を高めることが期待される。

○「余暇・娯楽」領域ランキング（表2-17参照）
　第1位：北海道　　第2位：岩手県　　第3位：東京都
　余暇・娯楽領域では、所得と相関の強いと考えられる指標も含む中で、1位の北海道、2位の岩手県は、先行指標の「『学術、文化、芸術又はスポーツの振興を図る活動』を行うNPO認証数」が特に高い値である。一方で、47位から45位の沖縄県、徳島県、佐賀県は多くの指標で平均を下回った。NPOによる文化振興の活動など個人の文化的素養を高める意識の醸成や文化的欲求を充足させるための地域全体の取り組みが重要であると考えられる。

○「国際」領域ランキング（表2-18参照）
　第1位：東京都　　第2位：長崎県　　第3位：京都府
　国際領域では、東京都、京都府など伝統文化を含め観光資源を多く有

表2-17 都道府県別「余暇・娯楽」領域ランキング

順位	都道府県	順位	都道府県	順位	都道府県
1	北海道	17	三重県	33	島根県
2	岩手県	18	宮崎県	34	埼玉県
3	東京都	19	静岡県	35	愛知県
4	山口県	20	群馬県	36	富山県
5	福岡県	21	山形県	37	奈良県
6	福島県	22	滋賀県	38	青森県
7	高知県	23	栃木県	39	長崎県
8	鹿児島県	24	岐阜県	40	大阪府
9	長野県	25	和歌山県	41	宮城県
10	兵庫県	26	新潟県	42	茨城県
11	神奈川県	27	山梨県	43	石川県
12	岡山県	28	愛媛県	44	福井県
13	香川県	29	熊本県	45	佐賀県
14	鳥取県	30	千葉県	46	徳島県
15	広島県	31	京都府	47	沖縄県
16	秋田県	32	大分県		

し、また留学生を迎える高等教育機関が多い都道府県が上位である。一方で、岩手県、宮崎県、島根県は下位である。なお、海外渡航者については、所得との相関が表れている。

　人口が減少へと転じた日本において、国際化による交流人口増加を通じた地域の活性化は大きなテーマである。昨年は、東日本大震災の影響と円高により前年比減であったが、アジアダイナミズムを背景に中国を中心とした訪日への意欲は旺盛であり、地域の特性に応じた国際化への取り組みが重要である。

4.3　仕事

　就労環境の充実により自立自尊を実現する上で重要な仕事について、幸福度を感じさせる要素として、働く労働者と雇用する企業の両者に着目して「雇用」と「企業」の2領域を設定している。

　「雇用」領域では、若者の雇用環境と就労環境の安定性に関する現状を示すものとして「若者完全失業率」、「正規雇用者比率」の2つを現行指標として選定した。また、今後の高齢化社会において、高齢者がこれ

表2-18　都道府県別「国際」領域ランキング

順位	都道府県	順位	都道府県	順位	都道府県
1	東京都	17	滋賀県	33	山形県
2	長崎県	18	長野県	34	香川県
3	京都府	19	岐阜県	35	鹿児島県
4	大分県	20	沖縄県	36	福井県
5	大阪府	21	茨城県	37	鳥取県
6	北海道	22	岡山県	38	高知県
7	千葉県	23	群馬県	39	福島県
8	兵庫県	24	栃木県	40	佐賀県
9	山梨県	25	広島県	41	徳島県
10	神奈川県	26	富山県	42	青森県
11	愛知県	27	和歌山県	43	秋田県
12	福岡県	28	山口県	44	愛媛県
13	埼玉県	29	熊本県	45	島根県
14	奈良県	30	新潟県	46	宮崎県
15	静岡県	31	三重県	47	岩手県
16	石川県	32	宮城県		

までの経験を活かし、その技術と精神を後世に引き継いでいく必要がある。一方で、若者の就職ミスマッチ解消に向けた具体的な施策が重要であるという視点のもとに「高齢者有業率」、「インターンシップ実施率」、「大卒者進路未定者率」の3つを先行指標として選定した。

「企業」領域では、社会的な連帯への取り組みにより地域の福祉向上への貢献、そして労働生産性が高い魅力的な企業の現状を示すものとして「障碍者雇用率」、「製造業労働生産性」の2つを現行指標として選定した。また、企業活動が活発に行われ、特殊な技術等により特性を持った魅力的な企業の存在、そして地域の雇用や新たなビジネスチャンスを創出する環境の整備が重要であるという視点のもとに「事業所新設率」、「特許等出願件数」、「本社機能流出・流入数」の3つを先行指標として選定した。

◎「仕事」分野ランキング（表2-19参照）

第1位：福井県　　第2位：山口県　　第3位：神奈川県

仕事分野1位の福井県は、「企業」領域では23位ながら、「雇用」領域

表2-19　都道府県別「仕事」分野ランキング

順位	都道府県	順位	都道府県	順位	都道府県
1	福井県	17	宮崎県	33	山形県
2	山口県	18	鹿児島県	34	長崎県
3	神奈川県	19	和歌山県	35	福岡県
4	愛知県	20	新潟県	36	栃木県
5	長野県	21	岐阜県	37	岩手県
6	富山県	22	熊本県	38	秋田県
7	広島県	23	千葉県	39	高知県
8	佐賀県	24	兵庫県	40	奈良県
9	東京都	25	岡山県	41	福島県
10	滋賀県	26	山梨県	42	大阪府
11	三重県	27	静岡県	43	群馬県
12	鳥取県	28	茨城県	44	青森県
13	大分県	29	香川県	45	北海道
14	石川県	30	埼玉県	46	宮城県
15	島根県	31	徳島県	47	沖縄県
16	京都府	32	愛媛県		

のいずれの指標でも上位を占める。また、2位の山口県、3位の神奈川県は、「企業」領域で上位を占める。一方で、47位から45位の沖縄県、宮城県、北海道は、「雇用」領域で下位であることが影響している。

○「雇用」領域ランキング（表2-20参照）
　第1位：福井県　　第2位：富山県　　第3位：長野県
　雇用領域では、福井県が1位、富山県が2位であり、北陸地方を中心とする近接県が上位を占めている。
　富山県は先行指標の「インターンシップ実施率」で上位、福井県は「若者完全失業率」で上位であり、企業の人材育成に対する意識の高さが地域産業の魅力を高め、仕事分野での順位が上位になったものといえよう。
　7位の島根県は高齢化率が非常に高い（2011年：29.1％（全国2位））が、先行指標の「高齢者有業率」で8位を占めるなど、多くの高齢者が活躍していることがうかがえる。

表2-20 都道府県別「雇用」領域ランキング

順位	都道府県	順位	都道府県	順位	都道府県
1	福井県	17	山口県	33	京都府
2	富山県	18	鹿児島県	34	千葉県
3	長野県	19	静岡県	35	大分県
4	石川県	20	東京都	36	高知県
5	新潟県	21	神奈川県	37	長崎県
6	山形県	22	香川県	38	埼玉県
7	島根県	23	滋賀県	39	青森県
8	愛知県	24	茨城県	40	兵庫県
9	鳥取県	25	熊本県	41	群馬県
10	岐阜県	26	岩手県	42	福岡県
11	三重県	27	愛媛県	43	北海道
12	広島県	28	和歌山県	44	奈良県
13	山梨県	29	福島県	45	大阪府
14	秋田県	30	岡山県	46	宮城県
15	佐賀県	31	栃木県	47	沖縄県
16	宮崎県	32	徳島県		

○「企業」領域ランキング（表2-21参照）
第1位：神奈川県　　第2位：山口県　　第3位：大分県

　企業領域1位の神奈川県は、現行指標の「障碍者雇用率」以外の指標でいずれも上位を占める。また、2位の山口県、3位の大分県は、現行指標の「製造業労働生産性」、「障碍者雇用率」の2指標ともに上位を占める。「雇用」ランキングで上位の富山県、石川県、新潟県、山形県は、「企業」ランキングでは下位を占める。

　また、「事業所新設率」、「特許等出願件数」では、大都市を抱える都府県が上位を占めている。一方、「本社機能流出・流入数」では、東京都、大阪府で特に流出が顕著である。東日本大震災後、リスク分散の観点から本社機能の移転を検討する企業も多くあると考えられる。しかし、埼玉県で本社機能の流入が多いことから実際には近接県で移転が行われていることが考えられる。

4.4　生活

　生活分野では、幸福度を感じさせる要素として、各個人・家族に着目

表2-21 **都道府県別「企業」領域ランキング**

順位	都道府県	順位	都道府県	順位	都道府県
1	神奈川県	17	広島県	33	鳥取県
2	山口県	18	鹿児島県	34	栃木県
3	大分県	19	徳島県	35	宮城県
4	兵庫県	20	熊本県	36	高知県
5	京都府	21	沖縄県	37	山梨県
6	福岡県	22	長崎県	38	青森県
7	滋賀県	23	福井県	39	島根県
8	愛知県	24	北海道	40	富山県
9	東京都	25	宮崎県	41	岩手県
10	埼玉県	26	愛媛県	42	岐阜県
11	千葉県	27	茨城県	43	石川県
12	奈良県	28	静岡県	44	福島県
13	大阪府	29	三重県	45	新潟県
14	和歌山県	30	香川県	46	秋田県
15	佐賀県	31	長野県	47	山形県
16	岡山県	32	群馬県		

した「個人（家族）」と居住する地域や自治体に着目した「地域」の2領域を設定している。

「個人（家族）」領域では、居室空間の確保と経済的な自立の現状を示す「持ち家比率」、「生活保護受給率」の2つを現行指標として選定した。また、少子・高齢化社会において、増加する共働き世帯の育児負担を軽減する育児環境の充実、家族・友人等との関わり・つながりの確保が重要であるという視点のもとに「待機児童率」、「一人暮らし高齢者率」、「インターネット人口普及率」の3つを先行指標として選定した。

「地域」領域では、居住する地域の衛生面や利便性の現状を示すものとして「下水道処理人口普及率」、「道路整備率」の2つを現行指標として選定した。また、資源循環や省エネルギーによる持続可能性が高い生活という新しいライフスタイルを確保できる環境、地域における人と人とのつながり・助け合いができる環境が特に東日本大震災後の人々の価値観において重要であるという視点のもとに「一般廃棄物リサイクル率」、「エネルギー消費量」、「地縁団体数」の3つを先行指標として選定した。

表2-22　都道府県別「生活」分野ランキング

順位	都道府県	順位	都道府県	順位	都道府県
1	富山県	17	香川県	33	福岡県
2	長野県	18	埼玉県	34	宮崎県
3	福井県	19	静岡県	35	福島県
4	岐阜県	20	佐賀県	36	北海道
5	鳥取県	21	千葉県	37	宮城県
6	滋賀県	22	山梨県	38	岩手県
7	島根県	23	茨城県	39	大阪府
8	新潟県	24	秋田県	40	愛媛県
9	三重県	25	兵庫県	41	高知県
10	栃木県	26	熊本県	42	長崎県
11	山形県	27	奈良県	43	和歌山県
12	神奈川県	28	広島県	44	徳島県
13	石川県	29	群馬県	45	青森県
14	山口県	30	鹿児島県	46	東京都
15	岡山県	31	京都府	47	沖縄県
16	愛知県	32	大分県		

◎「生活」分野ランキング（表2-22参照）

第1位：富山県　　第2位：長野県　　第3位：福井県

生活分野では、上位10位まで北陸地方および隣接県が多数を占めている。特に、1位から4位までの富山県、長野県、福井県、岐阜県は、2領域とも上位を占めている。

一方で、沖縄県、東京都がそれぞれ47位、46位である。これは「個人（家族）」領域で特に大きく平均値を下回ったことが影響している。

○「個人（家族）」領域ランキング（表2-23参照）

第1位：富山県　　第2位：福井県　　第3位：岐阜県

個人（家族）領域1位の富山県では、先行指標の「インターネット人口普及率」を除き、現行指標の「持ち家比率」、先行指標の「待機児童率」、「一人暮らし高齢者率」など各指標で上位である。一方、46位の東京都は「インターネット人口普及率」以外の各指標で下位である。

「インターネット人口普及率」以外の各指標については、人口構成における若者人口比率や一人暮らし比率、核家族世帯比率などが影響してい

表2-23 都道府県別「個人（家族）」領域ランキング

順位	都道府県	順位	都道府県	順位	都道府県
1	富山県	17	香川県	33	広島県
2	福井県	18	福島県	34	愛媛県
3	岐阜県	19	山梨県	35	山口県
4	新潟県	20	埼玉県	36	徳島県
5	石川県	21	和歌山県	37	大分県
6	長野県	22	佐賀県	38	長崎県
7	滋賀県	23	島根県	39	宮崎県
8	静岡県	24	秋田県	40	鹿児島県
9	山形県	25	岩手県	41	北海道
10	群馬県	26	千葉県	42	大阪府
11	三重県	27	京都府	43	青森県
12	岡山県	28	鳥取県	44	福岡県
13	栃木県	29	神奈川県	45	高知県
14	奈良県	30	熊本県	46	東京都
15	茨城県	31	兵庫県	47	沖縄県
16	愛知県	32	宮城県		

ると考えられる。

○「地域」領域ランキング（表2-24参照）

　第1位：山口県　　第2位：鳥取県　　第3位：神奈川県

　地域領域では、現行指標の「下水道処理人口普及率」、「道路整備率」については、大都市を抱える都道府県が上位であり、インフラ整備環境での強さを物語っている。これに対し、先行指標の「地縁団体数」では島根県、徳島県、香川県が上位であるなど地方が上位を占め、大都市を抱える都道府県は下位が多く見られるなど、人と人との地縁によるつながりの課題（地域性）を表している。

　また、1位の山口県は、「一般廃棄物リサイクル率」について高い値で1位であり、焼却灰のセメント利用などのエコタウン事業の取組成果の表れと考えられる。

4.5 教育

　教育分野では、子どもたちが大人になった際に自立した個人として生

表2-24　都道府県別「地域」領域ランキング

順位	都道府県	順位	都道府県	順位	都道府県
1	山口県	17	岡山県	33	山梨県
2	鳥取県	18	香川県	34	茨城県
3	神奈川県	19	北海道	35	静岡県
4	島根県	20	兵庫県	36	沖縄県
5	長野県	21	佐賀県	37	長崎県
6	富山県	22	山形県	38	宮城県
7	東京都	23	埼玉県	39	京都府
8	福岡県	24	宮崎県	40	愛媛県
9	岐阜県	25	新潟県	41	奈良県
10	鹿児島県	26	大阪府	42	群馬県
11	滋賀県	27	大分県	43	岩手県
12	三重県	28	熊本県	44	徳島県
13	栃木県	29	広島県	45	福島県
14	福井県	30	秋田県	46	青森県
15	千葉県	31	高知県	47	和歌山県
16	愛知県	32	石川県		

きていくための教養・素養を身につける学校教育の環境を表す「学校」、老若男女にかかわらず新たな知識に触れることで知的欲求を満たし、また学校教育や家庭内教育を補うだけでなく地域社会を豊かで健全なものにする社会教育の環境を表す「社会」の2領域を設定している。

「学校」領域では、自己実現に向けた高い学力を得ることができる義務教育の状況、充実した教育を受けるための環境の健全性を示すものとして「学力」、「不登校児童生徒率」の2つを現状指標として選定した。また、一人ひとりの可能性をより一層広げ、高等教育へとつないでいく教育環境の整備が重要であるという視点のもとに「司書教諭発令率」、「大学進学率」、「教員一人あたり児童生徒数」の3つを先行指標として選定した。

「社会」領域では、社会教育施策に対する地方自治体の取り組み状況、生涯学習を受けることができる環境の整備状況を示すものとして「社会教育費」、「社会教育学級・講座数」の2つを現状指標として選定した。また、地域の高齢者など大人世代が有する体験や知識を異世代交流により若い世代に伝えることが子どもたちにとってだけでなく、特に高齢者

表2-25 都道府県別「教育」分野ランキング

順位	都道府県	順位	都道府県	順位	都道府県
1	福井県	17	東京都	33	新潟県
2	秋田県	18	奈良県	34	徳島県
3	鳥取県	19	愛媛県	35	広島県
4	富山県	20	栃木県	36	熊本県
5	山口県	21	京都府	37	福岡県
6	宮崎県	22	千葉県	38	大分県
7	群馬県	23	長野県	39	北海道
8	石川県	24	山形県	40	和歌山県
9	岐阜県	25	福島県	41	高知県
10	茨城県	26	長崎県	42	大阪府
11	島根県	27	香川県	43	三重県
12	山梨県	28	静岡県	44	岡山県
13	鹿児島県	29	佐賀県	45	宮城県
14	青森県	30	愛知県	46	神奈川県
15	岩手県	31	兵庫県	47	沖縄県
16	埼玉県	32	滋賀県		

にとっても心身ともに重要であり、また昨今の社会問題であるいじめや犯罪の若年化等についても道徳観・倫理観の醸成など地域の社会教育によって解消していくことが重要であるという視点のもとに「学童保育設置率」、「余裕教室活用率」、「悩みやストレスのある者の率」の3つを先行指標として選定した。

◎「教育」分野ランキング（表2-25参照）

第1位：福井県　　第2位：秋田県　　第3位：鳥取県

教育分野1位から3位の福井県、秋田県、鳥取県は、2領域ともに上位を占めている。また、北陸3県は10位以内を占めている。

一方、47位の沖縄県、45位の宮城県は2領域ともに下位であり、また46位の神奈川県は「社会」領域で47位であることが順位に影響している。

○「学校」領域ランキング（表2-26参照）

第1位：福井県　　第2位：京都府　　第3位：秋田県

学校領域1位の福井県、3位の秋田県は、現行指標の「学力」で特に高

表2-26　都道府県別「学校」領域ランキング

順位	都道府県	順位	都道府県	順位	都道府県
1	福井県	17	島根県	33	山口県
2	京都府	18	広島県	34	新潟県
3	秋田県	19	滋賀県	35	神奈川県
4	富山県	20	山梨県	36	長崎県
5	鳥取県	21	山形県	37	佐賀県
6	愛媛県	22	福島県	38	長野県
7	東京都	23	宮崎県	39	福岡県
8	兵庫県	24	静岡県	40	宮城県
9	群馬県	25	愛知県	41	和歌山県
10	石川県	26	栃木県	42	北海道
11	茨城県	27	青森県	43	鹿児島県
12	埼玉県	28	熊本県	44	岡山県
13	岐阜県	29	岩手県	45	大分県
14	奈良県	30	大阪府	46	高知県
15	香川県	31	徳島県	47	沖縄県
16	千葉県	32	三重県		

い値である。一方、47位の沖縄県では「学力」、先行指標の「大学進学率」が他県に比べて低い値である。

　大都市を抱える都府県では、先行指標の「司書教諭発令率」、「大学進学率」が上位であるが、一方で先行指標の「教員一人あたり児童生徒数」では下位である。35位の神奈川県は、「司書教諭発令率」、「大学進学率」で上位であるが、「教員一人あたり児童生徒数」、現行指標の「不登校児童生徒率」で47位である。

　「司書教諭発令率」、「教員一人あたり児童生徒数」については、少子化や過疎化の影響も考えられる。

○「社会」領域ランキング（表2-27参照）
第1位：山口県　　第2位：宮崎県　　第3位：鳥取県
　社会領域の現行指標である「社会教育費」、先行指標である「悩みやストレスのある者の率」については、大都市を抱える都府県が下位であり、「悩みやストレスのある者の率」では九州、東北地方が上位を占める。また、1位の山口県、4位の鹿児島県は、現行指標の「社会教育学

表2-27 都道府県別「社会」領域ランキング

順位	都道府県	順位	都道府県	順位	都道府県
1	山口県	17	大分県	33	滋賀県
2	宮崎県	18	栃木県	34	東京都
3	鳥取県	19	長崎県	35	熊本県
4	鹿児島県	20	佐賀県	36	北海道
5	福井県	21	埼玉県	37	愛媛県
6	秋田県	22	奈良県	38	和歌山県
7	群馬県	23	福島県	39	広島県
8	富山県	24	山形県	40	岡山県
9	石川県	25	新潟県	41	兵庫県
10	山梨県	26	千葉県	42	大阪府
11	島根県	27	福岡県	43	宮城県
12	岩手県	28	高知県	44	京都府
13	青森県	29	静岡県	45	三重県
14	岐阜県	30	愛知県	46	沖縄県
15	長野県	31	徳島県	47	神奈川県
16	茨城県	32	香川県		

級・講座数」が他県と比べ高い値である。

5 各指標の状況と特徴
―― 代表的政策課題とその展望

　本節では、前節の5分野（10領域）別のランキング結果を踏まえ、地域において人々が幸福度や生活満足度を感じる上で、地方自治体にとって今後優先度が高く、議論・検討を深めることがさらに重要になると考えられる政策課題について、5分野の中から代表的な指標をそれぞれ1つ選定し分析する。全地方自治体に共通し、かつ喫緊のものとして、少子化対策、高齢社会対策、若年者雇用対策、教養教育施策、官民連携・協働施策の5つの代表的政策課題を取り上げる。

　なお、分析にあたっては、前節までのランキングの状況や特徴を考慮するとともに、今後の議論や検討の方向などをより具体的で明確にするため、次の3つの視点を踏まえて各指標の状況と特徴を詳述する。

①地域性（都市と地方、東日本と西日本、日本海側と太平洋側に見られる傾向の対比）
②個人と地方自治体（自立自尊の精神を高める背景とそれを支える生活・社会基盤構築の関係性）
③データ解析からの示唆（相関の高い指標を複眼的に捉え、議論・検討する必要性）

なお、これら3つは、巻末の分析データ（個々の指標）を見る上でも参考となる視点である。

5.1 少子化対策

> 地域には老若男女が居住しているが、大きな政策課題の1つは少子化問題である。我が国の人口はピークアウトし、人口減少社会に転じている。ここでは、地方自治体の少子化対策について、「健康」分野「医療・福祉」領域の「産科・産婦人科医師数」を取り上げて分析する。

医師不足は、地方部で深刻な問題である。特に産科・産婦人科医については、地方部に限らず、都市部でも大きな問題となっている。全国の医師数は236,933人（1998年）から271,897人（2008年）に34,964人増えている一方で、全国の産科・産婦人科医師数は11,269人（1998年）から10,389人（2008年）に880人減っている。

都道府県別の「産科・産婦人科医師数」（表2-28参照）は、徳島県（55.1人）、鳥取県（52.1人）、島根県（50.0人）、長崎県（49.3人）、宮崎県（48.0人）の順で、主に四国、中国、九州地方が上位を占め、奈良県（26.4人）、埼玉県（28.1人）、滋賀県（29.0人）、千葉県（30.4人）、北海道（31.0人）、茨城県（32.1人）が下位であり、三大都市圏は中位以下に位置する。関西地方を除く西日本と、東日本および関西地方との対比が見られ、関西

表2-28 都道府県別産科・産婦人科医師数ランキング

順位	都道府県	産科・産婦人科医師数（人）	順位	都道府県	産科・産婦人科医師数（人）
1	徳島県	55.1	25	広島県	39.6
2	鳥取県	52.1	26	佐賀県	39.4
3	島根県	50.0	27	長野県	39.2
4	長崎県	49.3	28	福岡県	38.8
5	宮崎県	48.0	29	大分県	38.7
6	栃木県	46.0	30	宮城県	37.2
7	福井県	46.0	31	三重県	37.2
8	秋田県	45.6	32	岩手県	36.9
9	沖縄県	45.5	33	兵庫県	36.7
10	和歌山県	45.3	34	高知県	36.7
11	東京都	45.2	35	岐阜県	36.3
12	富山県	44.9	36	愛知県	35.4
13	香川県	44.5	37	新潟県	34.5
14	京都府	43.6	38	静岡県	34.5
15	山口県	43.4	39	福島県	33.7
16	石川県	42.8	40	神奈川県	33.3
17	岡山県	42.4	41	青森県	32.9
18	愛媛県	42.0	42	茨城県	32.1
19	山形県	41.5	43	北海道	31.0
20	山梨県	41.3	44	千葉県	30.4
21	熊本県	41.2	45	滋賀県	29.0
22	群馬県	40.6	46	埼玉県	28.1
23	鹿児島県	40.6	47	奈良県	26.4
24	大阪府	39.6			

（注）15～49歳女子人口10万人あたりの産科・産婦人科医師数

地方を除く西日本は概ね平均以上である。なお、徳島県（1位）と奈良県（47位）の地域差は、28.7人であり、2倍以上の差が出ている。

産科・産婦人科医不足については、職務環境の厳しさや医療訴訟の件数が他科と比較して多いこと、そして少子化による収入減少の懸念等が主な原因である。近年では「出産難民」という言葉まで誕生するほどである。出産に対する不安は、出産の敬遠につながり、ますます少子化に拍車がかかることが懸念される。

少子化対策としては、安心して出産できるような医療体制の整備、出産後の育児支援施設の整備、夫婦の共働きを支える労働環境の整備に加

え、地域や社会全体で子育てを支える環境の整備など出産・子育てを通じて不安を除去し、負担を軽減するための地方自治体の生活・社会基盤の整備が求められる。「生活」分野「個人（家族）」領域の「待機児童率」、「教育」分野「社会」領域の「余裕教室活用率」などを複眼的に捉え、少子化対策に関連する施策を総合的・一体的に考えて取り組む必要がある。

5.2 高齢社会対策

> 地方だけでなく、都市においても高齢者の一人暮らしは大きな社会問題化している。我が国では、世界でも類を見ないスピードで高齢化が進み、社会保障費の増加による地方財政の圧迫や公共サービスのあり方が懸念されている。ここでは、地方自治体の高齢者施策について、「生活」分野「個人（家族）」領域の「一人暮らし高齢者率」を取り上げて分析する。

我が国の総人口は2010年（10月1日）時点で、1億2,806万人で、このうち65歳以上の高齢者人口は2,948万人、総人口に占める高齢者の割合（高齢化率）は23.0％である。なお、2000年（10月1日）時点では総人口1億2,693万人に対し、高齢者人口は2,204万人、高齢化率は17.4％であったため、10年間で5.6ポイントも上昇している。これは諸外国と比較しても類を見ない速度で高齢化が進行していることを表している。また、寿命の延伸（配偶者と死別した高齢者の増加）、未婚率・離婚率の上昇、子と同居しない者の増加を主な要因として一人暮らし高齢者世帯が増加しており、その数は2010年時点で全国に479万世帯存在する。2000年時点では243万世帯であったため、この10年間で約2倍に増えている。

都道府県別の「一人暮らし高齢者率」（表2-29参照）では、その比率が低い都道府県をランキングの上位としており、山形県（9.2％）、新潟

表2-29 都道府県別一人暮らし高齢者率ランキング

順位	都道府県	一人暮らし高齢者率 (%)
1	山形県	9.2
2	新潟県	10.5
3	福井県	10.6
4	富山県	11.0
5	茨城県	11.3
6	岐阜県	11.5
7	滋賀県	11.7
8	福島県	11.8
9	静岡県	11.9
10	長野県	12.1
11	岩手県	12.1
12	栃木県	12.1
13	宮城県	12.1
14	秋田県	12.3
15	佐賀県	12.5
16	鳥取県	12.7
17	石川県	13.1
18	島根県	13.2
19	群馬県	13.3
20	山梨県	13.9
21	埼玉県	13.9
22	三重県	14.0
23	奈良県	14.1
24	青森県	14.3
25	千葉県	14.5
26	愛知県	14.6
27	岡山県	14.8
28	熊本県	14.9
29	香川県	15.1
30	徳島県	15.4
31	沖縄県	16.8
32	大分県	16.9
33	神奈川県	17.0
34	長崎県	17.1
35	広島県	17.7
36	京都府	18.2
37	愛媛県	18.3
38	宮崎県	18.4
39	和歌山県	18.6
40	山口県	18.6
41	兵庫県	18.7
42	福岡県	18.7
43	北海道	19.3
44	高知県	20.5
45	大阪府	22.1
46	鹿児島県	22.8
47	東京都	23.6

県（10.5％）、福井県（10.6％）、富山県（11.0％）、茨城県（11.3％）など北陸を中心に隣接する県が上位を占める。一方、東京都（23.6％）、鹿児島県（22.8％）、大阪府（22.1％）、高知県（20.5％）、北海道（19.3％）が下位を占める。

一人暮らしをする高齢者の中には、生まれ育った故郷を離れたくないという気持ちを持つ者もいるであろう。そのような場合も含め、地方自治体はその高齢者の自立を支えることができる生活・社会基盤を整備する必要がある。

「健康」分野「運動・体力」領域の「健康寿命」が示すように、介護などを要せずに生活できる期間は延びている。しかし、誰にも看取られ

ることなく息を引き取り、相当期間経過後に発見される「孤立死（孤独死）」の事案が発生しているように、家族や友人等とのネットワークづくり、また日々会話をしたり、困ったときに頼れたりする人、そして地域社会とのつながりをつくる取り組みが、一人ひとりの幸福度を向上させるうえでも重要である。

　高齢者を単に若い世代に支えられる存在としてではなく、「仕事」分野「雇用」領域の「高齢者有業率」が示すように豊富な経験や知識を有する高齢者が生涯現役で活躍して若い世代にその経験や知識を継承する機会、また「健康」分野「医療・福祉」領域の「高齢者ボランティア活動者比率」が示すようにボランティアやNPO法人での活動により高齢者が社会参画する機会を確保し、地域の課題解決の担い手として積極的に関わってもらうことで、地域社会とのつながりを強くするとともに、地域を活性化させ、高齢者が生きがいを感じ、生き生きと過ごせる地域社会をつくることが高齢者施策の根幹である。

　「教育」分野「社会」領域では「余裕教室活用率」を挙げているが、放課後や週末などに余裕教室を活用した高齢者と子どもたちによる異世代交流の機会は、子どもたちの教育において重要であるのみならず、高齢者にとって活躍の機会を提供するという点でも大きな意味がある。

　上記のような地域での活動を通じて、高齢者が体を動かし、健康の保持に取り組むことは、老化や介護予防につながり、ひいては社会保障費の抑制にも寄与するものである。

5.3 若年者雇用対策

　地域が活力に富み、健全な社会を実現する上で、若者の雇用問題は大きな課題である。都市への人口集中により、地方における過疎化の進行が懸念される中で、若者をそれぞれの地域に呼び戻したり、定住させるために地方自治体はどのような施策に取り組むべきかが

> 問われている。ここでは、「仕事」分野「雇用」領域の「大卒者進路未定者率」を取り上げて分析する。

　2011年3月末の全国の大学卒業者552,358人のうち、21.8％にあたる120,635人が進路未定のまま卒業している。また、就職しても3年以内に大学卒業者の3割が離職してしまうという若者の就職ミスマッチが社会的な課題となっており、政府は若者の雇用問題に対し、「若者雇用戦略」（2012年6月12日）を打ち出している。

　若者の就職ミスマッチの原因としては、大学入学以前に就職について深く考える機会がないまま就職活動を迎えていることが考えられる。そのような点から、初等・中等教育からの職業教育の重要性が叫ばれ、現在、中学校では非常に高い比率でインターンシップによる職業教育の機会が確保されている。しかし、「仕事」分野「雇用」領域の「インターンシップ実施率」が示すように高等学校におけるインターンシップ実施については、都道府県による地域差が見られ、北陸地方および隣接県が上位を占める。

　都道府県別の「大卒者進路未定者率」（表2-30参照）では、福井県（5.0％）、島根県（9.2％）、秋田県（9.4％）、佐賀県（9.8％）、鳥取県（10.4％）の順であり、主に日本海側の県が上位を占める。一方で、沖縄県（38.5％）、大分県（26.2％）埼玉県（25.1％）、東京都（24.9％）、神奈川県（24.5％）が下位であり、大阪府（24.2％）を含め、大都市を抱える都道府県が低位を占める。これは、大学進学により地方から大都市へ若者が集中していることが一因として考えられるが、地方においては受け皿として若者を呼び戻す取り組みが重要である。

　一部の人口が増加している都府県を除き、多くの地方自治体で人口減少が進み、また高齢化が一段と進行している。いったん地元を離れた若者を呼び戻すためには、「仕事」分野「企業」領域の「製造業労働生産性」、「事業所新設率」、「特許等出願件数」が示すように高い収益性、製

表2-30 都道府県別大卒者進路未定者率ランキング

順位	都道府県	大卒者進路未定者率 (%)	順位	都道府県	大卒者進路未定者率 (%)
1	福井県	5.0	25	広島県	17.3
2	島根県	9.2	26	愛知県	17.5
3	秋田県	9.4	27	栃木県	17.9
4	佐賀県	9.8	28	岩手県	18.3
5	鳥取県	10.4	29	静岡県	18.7
6	長野県	11.2	30	長崎県	19.3
7	富山県	11.5	31	熊本県	19.4
8	岐阜県	11.6	32	徳島県	19.7
9	宮崎県	12.0	33	福島県	20.7
10	和歌山県	12.7	34	山梨県	21.1
11	三重県	13.3	35	兵庫県	21.8
12	新潟県	13.4	36	京都府	21.9
13	山口県	13.8	37	福岡県	23.0
14	石川県	14.0	38	北海道	23.7
15	愛媛県	14.1	39	宮城県	24.0
16	香川県	14.4	40	千葉県	24.0
17	高知県	14.7	41	大阪府	24.2
18	滋賀県	14.7	42	奈良県	24.2
19	群馬県	14.8	43	神奈川県	24.5
20	青森県	15.4	44	東京都	24.9
21	山形県	16.1	45	埼玉県	25.1
22	茨城県	16.2	46	大分県	26.2
23	鹿児島県	16.4	47	沖縄県	38.5
24	岡山県	17.1			

品開発への積極性、ユニークな企業風土、社員重視など地域の特性に合わせた魅力的な企業の育成・誘致による産業基盤の整備が重要であり、同時に大きな課題でもある。

　若者が地域に戻ってやりがいを感じながら働き、自立した生活を送ることができる環境をつくっていくことは、地域産業を活性化させ、人口減少に歯止めをかけるとともに、地域社会を持続可能なものにする。アジアダイナミズムを背景に今後成長可能性を秘めた地域の魅力的な企業などを顕在化させ、若者が企業での責任ある仕事に参画できる就業体験を通じた就職マッチングを図っていくなど、地方自治体においても、大きな視界を持って新たな仕組みを構想していく必要がある。

5.4 教養教育施策

> 　将来、自立した大人として生きていくための教養や素養を身につける上で、学校教育はその根幹である。現在、学校教育の場におけるいじめや不登校などの問題が報道されることが増える中で、子どもの人間性や思考力（自ら考える力）を育てる教育が求められている。ここでは、地方自治体にとって、そうした子どもの豊かな人間形成に資する教育施策について、「教育」分野「学校」領域の「司書教諭発令率」を取り上げて分析する。

　司書教諭は、学校教育において、児童生徒が自ら考え、主体的に判断し、行動できる資質や能力等を育む上で、学校図書館が果たす役割の重要性に鑑み、平成9年に学校図書館法が改正され、学校図書館への配置が義務付けられた。司書教諭は、子どもたちの発達段階に応じた読書をサポートし、子どもたちがインターネットなどの手軽なデジタルメディアだけでなく、しっかりと活字や書物などに触れることで、読解力・思考力を養い、創造力・表現力を高め、また感受性・人間性を豊かにするとともに、将来子どもたちが主体的な判断を行うことができる自立した大人になるために重要な役割を果たすことが期待されている。

　しかし、平成15年4月1日以降、12学級以上の学校には学校図書館司書教諭を必ず置かなければならないこととされたが、学級数が11以下の学校では、当分の間、司書教諭を置かないことができるとされている。このため、12学級以上の学校における司書教諭発令率が、小学校では99.5％、中学校では98.2％、高等学校では94.4％と極めて高い比率であるのに対し、11学級以下の学校における司書教諭発令率は、小学校では21.3％、中学校では25.5％、高等学校では23.4％と低い比率である。なお、指標の「司書教諭発令率」では、12学級以上の学校と11学級以上の

表2-31　都道府県別司書教諭発令率ランキング

順位	都道府県	司書教諭発令率(%)	順位	都道府県	司書教諭発令率(%)
1	鳥取県	99.6	25	広島県	57.7
2	神奈川県	94.1	26	沖縄県	56.5
3	茨城県	90.4	27	岡山県	56.0
4	埼玉県	89.8	28	宮城県	55.3
5	京都府	88.9	29	石川県	54.9
6	大阪府	86.7	30	佐賀県	50.7
7	愛知県	83.2	31	新潟県	49.2
8	東京都	82.4	32	青森県	48.4
9	栃木県	80.5	33	福島県	46.1
10	静岡県	77.3	34	山梨県	45.3
11	千葉県	74.9	35	和歌山県	44.3
12	奈良県	73.7	36	宮崎県	43.8
13	群馬県	73.6	37	山口県	43.5
14	滋賀県	70.7	38	北海道	41.0
15	福岡県	69.4	39	徳島県	39.7
16	福井県	67.8	40	熊本県	39.1
17	富山県	67.1	41	長崎県	38.8
18	兵庫県	66.6	42	山形県	36.4
19	愛媛県	64.6	43	大分県	36.4
20	岐阜県	62.9	44	秋田県	35.6
21	香川県	62.2	45	高知県	32.2
22	長野県	60.1	46	岩手県	29.3
23	島根県	60.0	47	鹿児島県	26.3
24	三重県	59.2			

学校を共に対象としている。

　都道府県別（表2-31参照）では、鳥取県（99.6％）、神奈川県（94.1％）、茨城県（90.4％）、埼玉県（89.8％）、京都府（88.9％）が上位で、下位の鹿児島県（26.3％）、岩手県（29.3％）、高知県（32.2％）、秋田県（35.6％）、大分県（36.4％）、山形県（36.4％）と比較すると大きな差がある。

　全国の11学級以下の学校数の比率は、小学校では47.0％、中学校では53.5％、高等学校では18.9％であるが、都道府県別に見ると全学校数における11学級以下の学校数の比率は、地方で高く、大都市を抱える都道府県で低い。そのため、11学級以下の学校数の比率に一定程度影響されているものといえよう。

　しかし、その中で、1位の鳥取県は、小学校の54.7％、中学校の

56.7％、高等学校の16.7％が11学級以下であり、小学校、中学校では11学級以下の学校数の比率が平均より高いが、中学校の97.1％、小学校、高等学校では100％の司書教諭発令率である。鳥取県では、学校規模の大小による学習環境の差を問題視し、全校への司書教諭の設置に取り組んできた結果といえる。

　小・中学校、そして高等学校における教育は、子どもたちが大人になった際に自立した個人として一人ひとりの個性や多彩な能力を発揮しながら生きていくための教養・素養を身につける場である。我が国の将来を担う子どもたちの自立に向けて、法律による義務付けを超えたところで、本当に必要な教育基盤を整備していくことへの判断が地方自治体には求められている。また、読書だけでなく、「教育」分野「社会」領域の「余裕教室活用率」が示すように余裕教室を活用した異世代との交流などを通じて、子どもの社会性や人間性をしっかりと育んでいくことが、やがて健全な大人、健全な地域社会をつくる可能性を高めることにつながるものといえる。

5.5 官民連携・協働施策

　地方自治体の財政状況が逼迫するなか、人々の価値観の多様化が進む地域社会において、公共サービスの質の確保が大きな課題である。地方自治体にとって、住民が求めるすべての事業を行うことは不可能であり、官民連携の視点がより重要になってくる。ここでは、「新しい公共」の担い手として期待が寄せられる特定非営利活動法人（NPO法人）など住民の地域課題解決への参画について、「文化」分野「余暇・娯楽」領域の「『学術、文化、芸術又はスポーツの振興を図る活動』を行うNPO認証数」を取り上げて分析する。

　東日本大震災後の復興支援においては、多くのNPO法人などが現地で

表2-32 都道府県別「学術、文化、芸術又はスポーツの振興を図る活動」を行う NPO認証数ランキング

順位	都道府県	NPO認証数（件）	順位	都道府県	NPO認証数（件）
1	北海道	12.1	25	広島県	2.2
2	岩手県	6.8	26	香川県	2.2
3	滋賀県	4.9	27	福井県	2.1
4	和歌山県	4.8	28	佐賀県	2.0
5	高知県	4.2	29	徳島県	1.9
6	山梨県	4.2	30	長野県	1.8
7	福島県	4.1	31	熊本県	1.8
8	群馬県	4.0	32	埼玉県	1.6
9	岐阜県	4.0	33	千葉県	1.6
10	宮崎県	3.6	34	長崎県	1.4
11	三重県	3.6	35	山口県	1.4
12	山形県	3.5	36	大阪府	1.3
13	島根県	3.3	37	兵庫県	1.3
14	大分県	3.3	38	沖縄県	1.3
15	東京都	3.3	39	栃木県	1.2
16	宮城県	3.2	40	愛知県	1.1
17	岡山県	3.1	41	福岡県	1.1
18	秋田県	3.1	42	愛媛県	1.0
19	静岡県	2.9	43	石川県	1.0
20	新潟県	2.9	44	富山県	0.9
21	鳥取県	2.7	45	茨城県	0.8
22	鹿児島県	2.7	46	神奈川県	0.8
23	京都府	2.5	47	青森県	0.6
24	奈良県	2.4			

（注）人口10万人あたりの件数

活躍したこともあり、「新しい公共」の担い手としてNPO法人の活躍が期待されている。「新しい公共」とは、従来は官が担ってきた領域を「公」に開き、市民、NPO、企業等がともに支えあう仕組み・体制（官民の連携）を構築しようとするものである。

　文化振興に関する施策は、厳しい財政状況にある地方自治体においては、とかく後回しにされがちである。そのような中で、地方自治体が十分に担えない文化振興について、深い愛着を持った地域の住民が率先して参画し、地方自治体と協力しながらまちづくりを行っていくことは、今後の地方自治体の運営にとって非常に重要といえる。

都道府県別の「『学術、文化、芸術又はスポーツの振興を図る活動』を行うNPO認証数」（表2-32参照）は、北海道（12.1団体）、岩手県（6.8団体）、滋賀県（4.9団体）、和歌山県（4.8団体）、高知県（4.2団体）が上位である。一方、青森県（0.6団体）、神奈川県（0.8団体）、茨城県（0.8団体）、富山県（0.9団体）、石川県（1.0団体）、愛媛県（1.0団体）が下位を占め、上位と比べて大きな地域差が見られる。ただし、認証数による比較を行っているため、NPO法人の実際の活動内容や規模によって活動実績は異なると考えられる。また、地方自治体の文化行政の取り組みの度合いによっても、NPO法人に求められる役割などが変わると考えられる。

　地方自治体が住民の求めるすべての事業を行い、生活・社会基盤の構築を行っていくことは難しい。そのような中で、今後は「新しい公共」を担う多様な主体と共に連携しながらまちづくりを行っていかなければならない。「生活」分野「地域」領域の「地縁団体数」が示す地縁団体の他にも地域には多様な団体が存在するが、二地域居住者も含む地域住民に加え、地域に関心を持つ様々な人々が地域の抱える課題に対する取り組みに主体的に参画し、協働できる環境は、地域に対する愛着をさらに深め、幸福度・生活満足度を高めるものでもある。

　地方自治体は、「新しい公共」との役割を整理し、それぞれの得意分野を活かせる自治体経営を行っていくことで、地域を活性化させることが求められている。

6　基本指標と先行指標の経年変化

　ここでは、基本指標5指標および5分野（10領域）の中からそれぞれ1つの先行指標を取り上げ、今後の地域づくりにおける政策・施策の立案やその方向を検討する際の参考となるよう各指標の経年変化動向などを把握し、それをもとに短期あるいは中長期の側面から示唆される視点等

6.1 基本指標

(1) 人口増加率

2000〜2005年と比べ、人口減少の局面に入った2005〜2010年では都市部と地方部における人口増減の格差がより顕著になっている（図2-8参照）。2000年以降、人口が増加しているのは一部の都県に限られており、多くの道府県では人口減少幅がより大きくなっている。特に、2005〜2010年の人口減少幅が大きい青森県、岩手県、秋田県、山形県、高知県などでは、前5年と比べて2倍近い減少幅を示している地域が多く、人口減少が急速に進んでいる実態がうかがえる。

総合ランキング上位の各都県では、人口増加が継続している都県（東京都、滋賀県、神奈川県）と人口減少県（長野県、福井県、富山県など）に分けられるが、これら減少県でも他県に比べると人口減少幅は小さく、比較的安定した状態であることがわかる。

図2-8　都道府県別人口増加率の経年比較

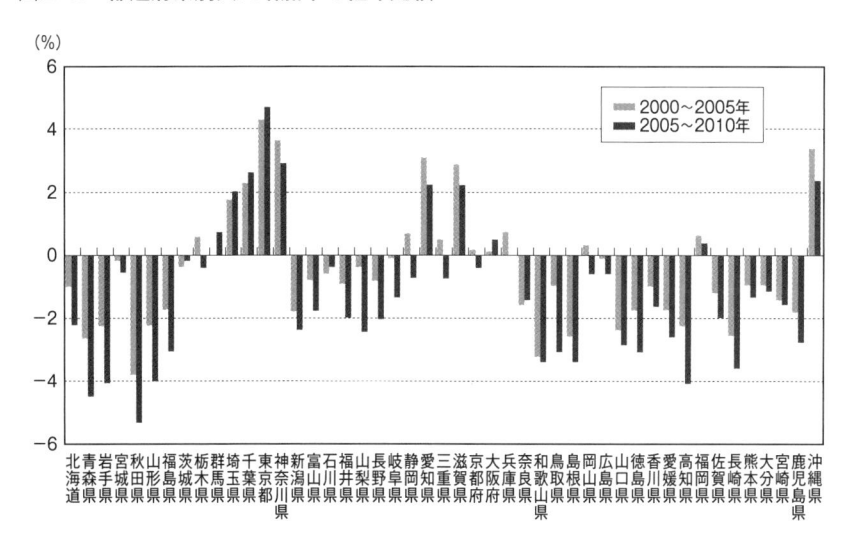

人口（増加率）は、各都道府県が有する生活・社会基盤の全容を示すものといえる。短期的には、都市部の人口増加と地方部の人口減少傾向は今後も一定期間継続することが予想されるが、人々にとって魅力ある地域をつくるため、人口減少と高齢化を見据えた上で各分野における中長期的な視点からの施策展開を検討することが必要である。

(2) 一人あたり県民所得

2000年度と比べ、2009年度では一人あたり県民所得は全国的に減少している（図2-9参照）。これは、経済環境（景気）の影響と考えられるが、東京都をはじめ、岩手、富山、石川、奈良、鳥取、高知、大分の各県では2000年度比で15％以上の所得減少となっている。

都道府県間の所得格差に注目すると、2000年度では1位東京都（462万円）と47位沖縄県（210万円）の格差は実に2.20倍であった。2009年度の都道府県格差は前述のとおり1.94倍であり、数字上は都道府県間の所得格差は縮小している。

図2-9　都道府県別一人あたり県民所得の経年比較

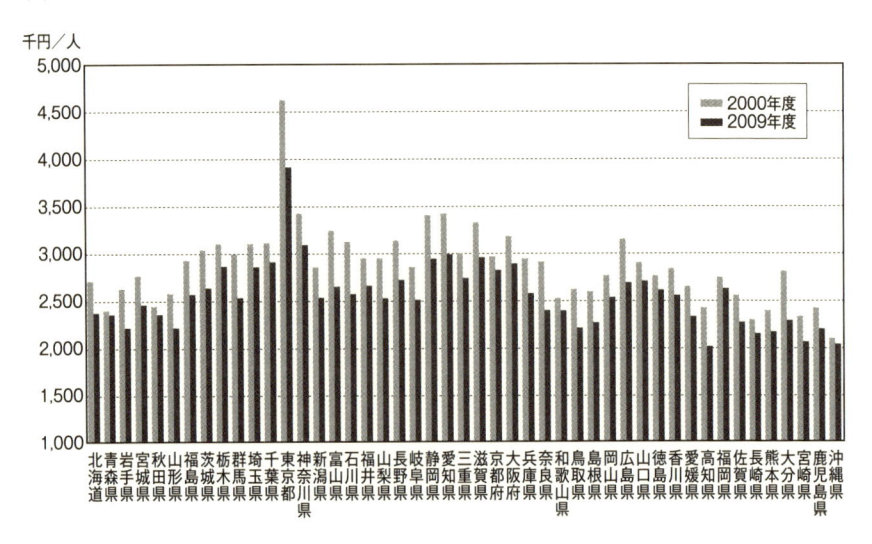

地域内の産業振興を図り、県民の所得水準や企業の経済活動水準を高めることはすべての地方自治体における課題の1つである。短期的には、魅力ある企業の誘致、起業支援施策の充実、雇用環境の充実など、各地方自治体が実施している施策の充実を図ることが必要であるが、中長期的には人口減少と高齢化を見据えた産業振興・雇用政策をも合わせて複合的に検討することが必要である。

(3) 選挙投票率（国政選挙）

　選挙投票率では、2005年に行われた衆議院選挙小選挙区・比例代表投票率（当時の小泉首相が郵政民営化の是非を問うために衆議院を解散したことによる選挙）と、2009年の衆議院選挙小選挙区・比例代表投票率を比較した。

　ほとんどの都道府県において、2009年の投票率が2005年の投票率を上回っている（図2-10参照）。2009年の選挙では民主党が躍進して政権交代へとつながるなど、国民的関心も非常に高い選挙であった。しかし、

図2-10　都道府県別選挙投票率（国政選挙）の経年比較

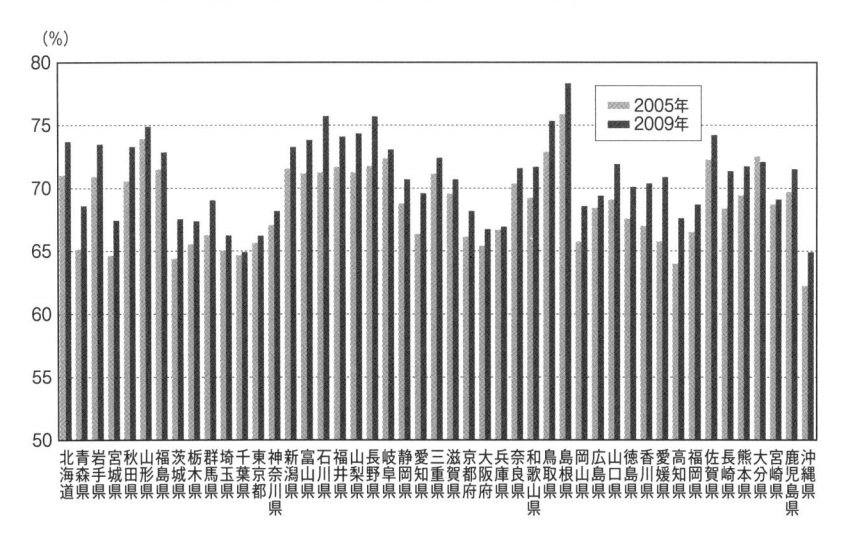

若い世代の多い都市部では、2005年の投票率と比べても大きな変化は見られない。

前述したとおり、投票率は世代によって格差が見られる。世代を超えて、特に若い世代一人ひとりが政治への参加を通じて将来の地域・国づくりに主体的に参画し、かつ自らがその責任を負うという自立自尊の意識を持ち行動することが重要になってくると考えられる。

(4) 食料自給率（カロリーベース）

各都道府県の食料自給率は安定しており、2000年度と2010年度を比較しても大きな変化は見られないが、食料自給率の高い秋田県、山形県、新潟県などでは自給率が向上していることがうかがえる（図2-11参照）。

「食料・農業・農村基本計画」では、2020年度のカロリーベースの食料自給率を50％等と設定しており、自給率の向上を目指している。また、農業の持続的発展に向けて、多様な農業経営体の確保や若者を中心とした新規就農を推進したり、農家の所得拡大策の1つとして生産・加工・

図2-11 **都道府県別食料自給率（カロリーベース）の経年比較**

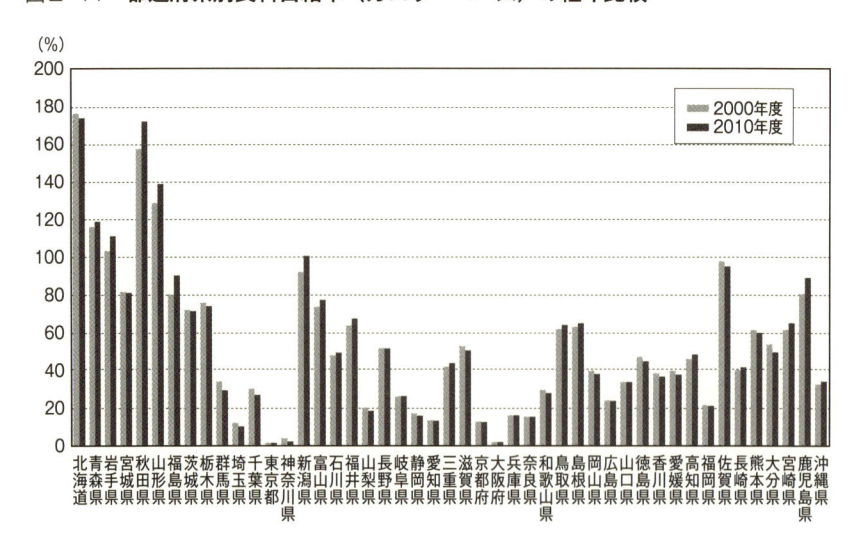

販売までを手掛ける6次産業化の取り組みに対する支援等も行われている。各地域の食料生産や農業等を維持・発展させるため、中長期的なビジョンを描きながら課題に対応した施策を実施することが必要である。

東京都や神奈川県、大阪府などでは食料自給率が1～2％と極端に低いのは前述したとおりであるが、都市部においても都市農業が注目されている。これは食料生産とあわせ農業に勤しむことで人々の交流を図ったり、様々な問題を抱える若者等の自立支援の可能性を有するものである。このような視点から都市部における農業の可能性を検討することも必要であろう。

(5) 財政健全度

2000年度の財政健全度は、データの関係上、実質収支比率、財政力指数、経常収支比率の3指標で指標化している。

2000年度と2010年度における各都道府県の財政健全度を比較すると、財政健全度が高まったのは23都道府県、悪化したのは24都道府県であ

図2-12　都道府県別財政健全度の経年比較

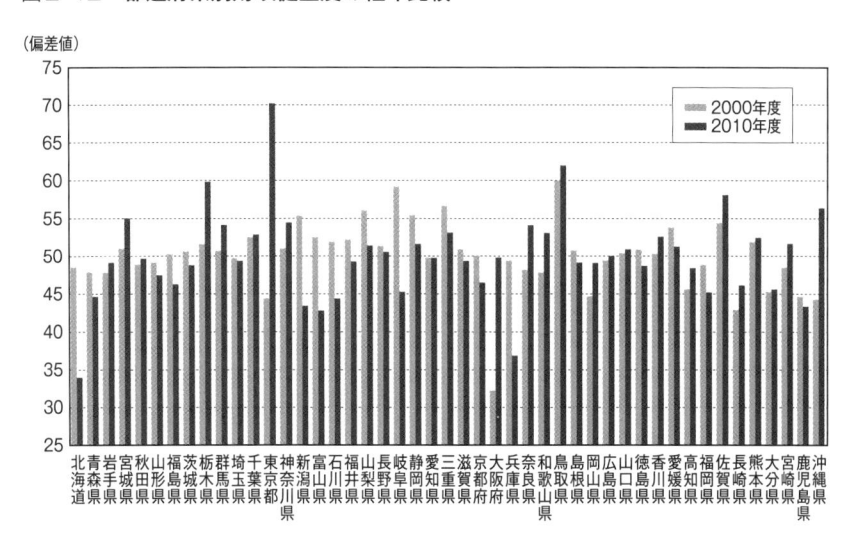

る（図2-12参照）。東京都や大阪府、沖縄県では大きく改善されたのに対し、北海道、新潟県、兵庫県などでは10ポイント程度低下している。

人口の減少と高齢者の増大、経済環境の激変による経済活動水準の停滞など、地方自治体の財政をめぐる環境は今後も厳しい状況が続くと考えられるが、このような状況の中でいかに自治体経営を行うかが問われている。今回のランキング（各指標）は、その方向性や議論を誘発し、検討のきっかけを提供する試みである。中長期的には、国との適切な役割分担がなされ、地方自治体の独自財源を確保していくなど、地方分権のあり方も十分に検討する必要がある。また、道州制の導入をめぐる議論も行われているが、現在の地方自治体の財政状況や生活・社会基盤の整備状況や地域間格差なども踏まえ、より広域的な視点からの地域づくりを検討することも必要である。

6.2 分野10領域

(1) 健康

○ホームヘルパー数

2002年度と比較すると、高齢者人口千人あたりのホームヘルパー数（常勤換算）が高まっている都道府県が多く、特に青森県、岩手県、大阪府、和歌山県、徳島県、大分県などで大きく増加している（図2-13参照）。

団塊の世代が70〜75歳を迎える5〜10年後には介護が必要な高齢者が急激に増加すると考えられるが、これらの高齢者が地域の中で安定した生活を送ることができる環境基盤（地域包括ケアシステム）の整備が求められている。ホームヘルパーはあくまでもその役割を担う職種の1つとして取り上げたものであるが、健康・医療・福祉分野のみならず、住宅の確保やコミュニティ再構築の取り組みなど、介護が必要な高齢者の在宅生活を支えるための地域基盤構築に向けた地方自治体の取り組みが期待される。

図2-13 都道府県別ホームヘルパー数の経年比較

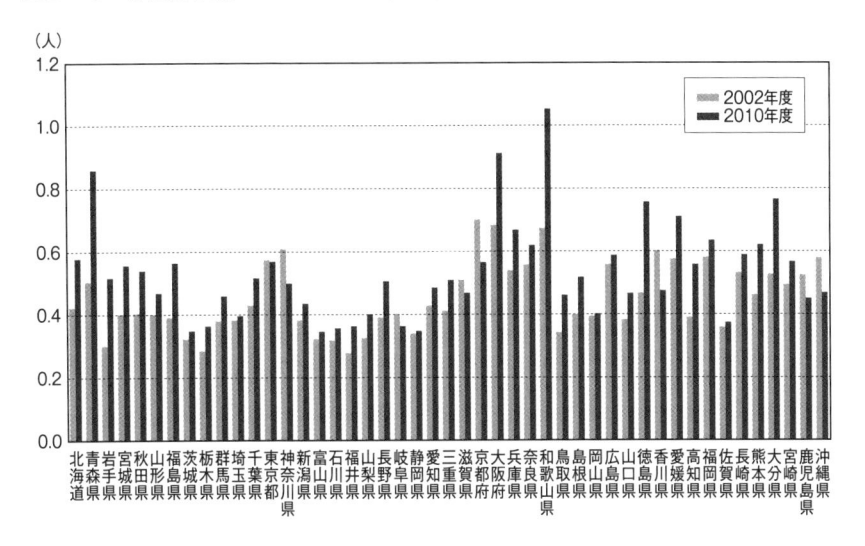

○スポーツの活動時間

1996年と2006年のスポーツの活動時間を見ると、茨城県や滋賀県、徳島県、沖縄県などで活動時間数の増加が見られるが、大きく変動した都道府県は少ない（図2-14参照）。

健康は、人々が感じる幸福感の基盤の1つである。また、医療や介護などの社会的コストが年々増加していくと予想される中で、若いうちからいかに健康づくりに取り組み、健康な高齢期を迎えるかが重要と考えられる。地方自治体には、健康づくりの機会拡大や参加しやすい環境の整備など、より多くの人々が健康づくりに参加できる施策の充実を図ることが求められる。一方で、住民自身による取り組みも重要であり、一人ひとりが健康増進を意識し行動することが望まれる。

(2) 文化

○書籍購入額

世帯あたりの書籍購入額は文化に接する機会の代理指標として取り上

図2-14　都道府県別スポーツの活動時間の経年比較

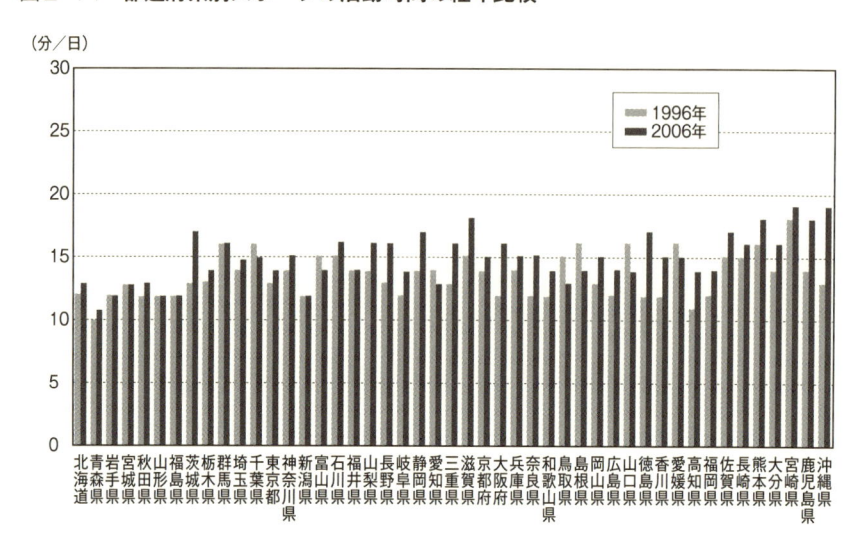

図2-15　都道府県別書籍購入額の経年比較

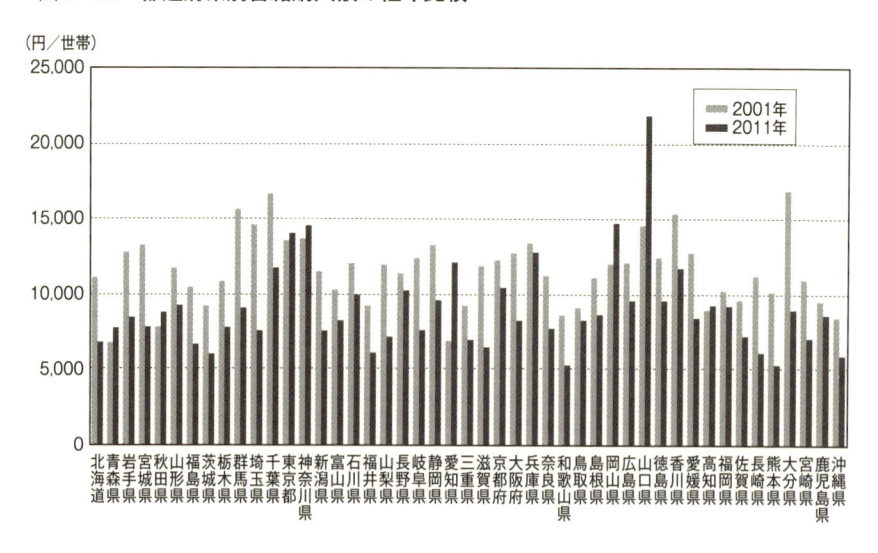

げているが、調査年次による変動が比較的大きな指標であり経年比較は困難な面がある。それでも、千葉県や東京都、神奈川県、京都府、兵庫

県、岡山県、山口県、徳島県、香川県などは2001年、2011年ともに都道府県平均を上回り上位にある（図2-15参照）。なお、世帯あたり書籍購入額は、一人あたり県民所得とも一定の相関があることから、都道府県の所得水準も影響していると考えられる。

　書籍購入額は、教養や創造力に満ちた人々が育まれる地域社会を想定して選定した指標であるが、一概に教養や創造力を養うとは言い難い面もある。そのため、この指標がどれだけ目的に合致しているか、ひいては自立自尊の精神を持つ個人の形成として有効かどうか、今後そのような観点で解析していく必要がある。

○留学生数

　2000年に比べ、2010年ではすべての都道府県において留学生数は高まっており、特に東京都、京都府、福岡県、大分県などでは大幅に増加している（図2-16参照）。

　2010年6月に閣議決定された「新成長戦略」では、2020年までの目標として、質の高い外国人留学生30万人の受け入れを目指している。地方自治体の中には、留学生に対する奨学金の交付や国民健康保険料の補助などのほか、地元企業への就職支援、留学生が本国に戻った後も地元住民との交流が継続できる仕掛けなど、地域産業の振興や住民の国際交流を意図した事業を展開している地方自治体もある。留学生等外国人との関わりの中で住民一人ひとりが国際的感覚を身につけることは、相対的な視点から自らの地域を見つめ直すことにもつながる。地方自治体にはそのような機会（ネットワークの強化支援）を数多く提供していくことが望まれる。

(3) 仕事

○高齢者有業率

　2000年と比べ2010年では高齢者の有業率が低下している都道府県が大

図2-16　都道府県別留学生数（人口10万人あたり）の経年比較

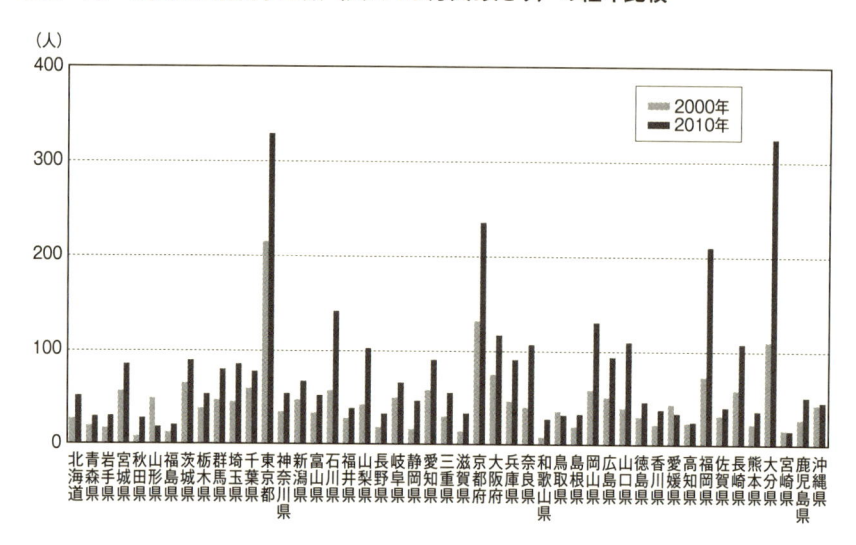

図2-17　都道府県別高齢者有業率の経年比較

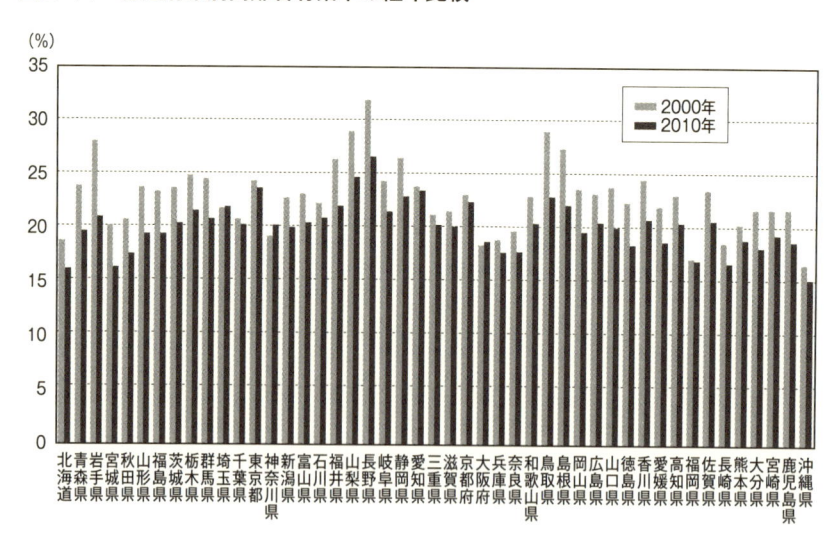

半を占める（図2-17参照）。これは、経済環境（景気）とともに高齢者人口の増加が影響しているものと考えられる。

高齢者有業率は総合ランキングと一定の相関が見られ、高齢者有業率が高い地域ほど総合ランキングも高くなる傾向にある（長野県や東京都などで顕著）。つまり、今後の高齢社会においては、高齢者がいきいきと働ける環境が整備された地域社会が目指すべき方向の1つといえよう。

　また、高齢者の就業は高齢者世代の収入確保のみでなく、地域社会とつながることにより孤立防止や高齢者自身の生きがいにもつながるものである。これらは高齢者の生活を豊かにする精神的基盤である。

　現在、ハローワーク等によって様々な高齢者の就労支援策が講じられているが、中長期的には高齢者世代が自らが有する知識・技術、人的ネットワークを活用して起業したり、地域社会に根ざしたコミュニティビジネス等の主要な担い手となる可能性も高い。地方自治体には、高齢者の様々な働き方や可能性を想定した就労・起業支援策等の展開が期待される。

○本社機能流出・流入数
　2001年以降の10年間において、東京都や大阪府では本社機能が流出超過となり、埼玉県や千葉県、神奈川県など周辺県で流入超過となっている（図2-18参照）。

　本社機能の立地選択は、各企業のマーケット戦略や経営戦略等により様々であるが、各種通信技術や物流機能などのインフラを含む立地環境、地方自治体による各種補助制度も大いに影響すると考えられる。地方自治体は、各地域における将来的な産業構造ビジョンに基づき、企業にとって魅力ある立地環境の整備や様々な支援策を整えることが必要である。

（4）生活
○待機児童率
　2011年4月の保育所待機児童数は全国計で25,556人となり、4年ぶりに

図2-18　都道府県別本社機能流出・流入数（2001～2011年の累積）

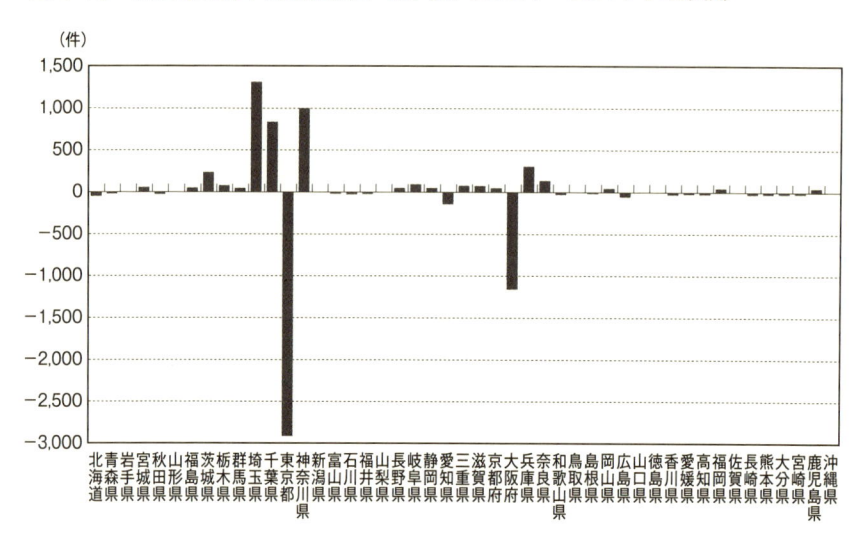

（件）縦軸：-3,000から1,500。横軸：北海道、青森県、岩手県、宮城県、秋田県、山形県、福島県、茨城県、栃木県、群馬県、埼玉県、千葉県、東京都、神奈川県、新潟県、富山県、石川県、福井県、山梨県、長野県、岐阜県、静岡県、愛知県、三重県、滋賀県、京都府、大阪府、兵庫県、奈良県、和歌山県、鳥取県、島根県、岡山県、広島県、山口県、徳島県、香川県、愛媛県、高知県、福岡県、佐賀県、長崎県、熊本県、大分県、宮崎県、鹿児島県、沖縄県

　減少に転じた。都道府県別に2001年と2011年を比較すると、待機率が大きく改善されたのは大阪府や兵庫県、長崎県、大分県などに限られ、宮城県や東京都、神奈川県、沖縄県など待機率が高い地域では低下幅はわずかであったり、逆に高まっている地域も見られる（図2-19参照）。
　「国と自治体が一体的に取り組む待機児童解消『先取り』プロジェクト」（2010）では、質の確保された認可外保育施設への助成や、複数の家庭的保育者（保育ママ）によるグループ型小規模保育事業の推進を図り、小規模かつ多機能な保育事業によりきめ細かく対応する「地域型保育・子育て支援モデル事業」等が決定され、各自治体で実施されている。短期的には、これらの事業の拡大充実により待機児童解消を図るとともに、自治体と住民が協働しながら子どもたちの健全な成長を支え、子育て中の女性がより暮らしやすいと感じられる地域づくりに向けた取り組みをさらに推進していくことが必要である。

図2-19 都道府県別待機児童率の経年比較

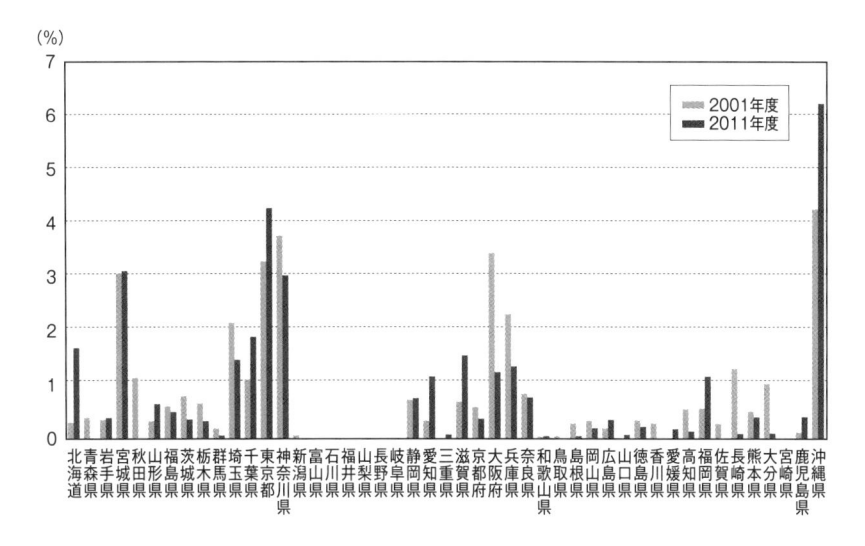

○エネルギー消費量

　一人あたりのエネルギー消費量は、寒冷地や都市部において相対的に高い傾向にある（図2-20参照）。調査年次の気象状況等による影響もあり単純比較が困難な面もあるが、2000年に比べエネルギー消費量が大きく増加しているのは岩手県、宮城県、富山県、石川県、福井県、鳥取県、島根県、岡山県、広島県など、東北・北陸・中国地方の各県に目立つ。

　東日本大震災以降、我が国のエネルギー政策のあり方が問われており、国民一人ひとりのエネルギー利用に対する意識・行動も大きく変化している。これは、将来に向けていかに省エネルギー型のライフスタイルに移行し持続可能な社会を創っていくかという課題でもある。エネルギー需給構造や産業構造などを踏まえ、一人ひとりが持続可能な地域社会形成のために自らのライフスタイルを選択することは、自立自尊の精神につながるものでもある。

図2-20　都道府県別エネルギー消費量の経年比較

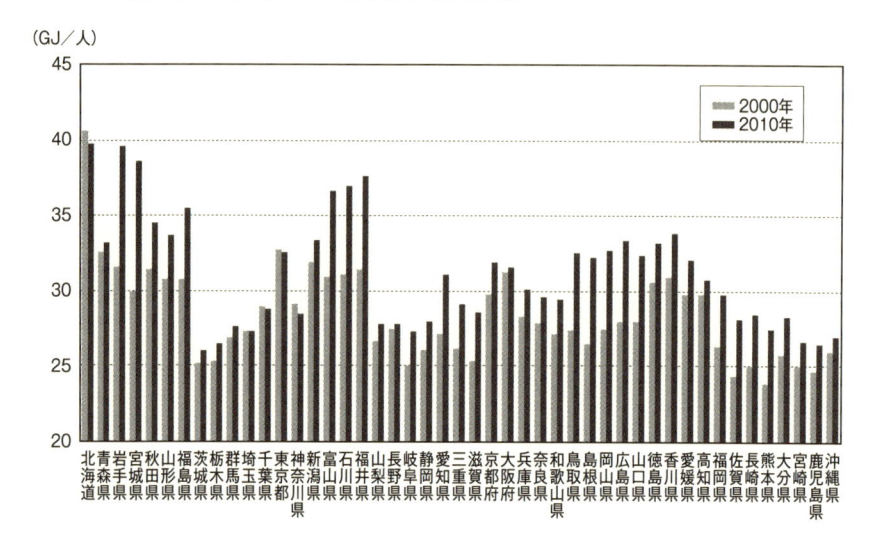

（5）教育

○教員一人あたり児童生徒数

　教員一人あたり児童生徒数は、相対的に都市部で多く地方部では少ない（図2-21参照）。2001年度と2011年度の比較では、すべての都道府県で教員一人あたり児童生徒数は減少しており、特に宮城県、福島県、熊本県、佐賀県、鹿児島県など東北・九州の各県で減少幅が大きい。

　公立小中学校の学級編成の標準は1クラス40人であるが、2011年度から小学校第1学年については35人に引き下げられた。また、市町村教育委員会の判断により、地域や学校の実情に応じて柔軟に学級編成を行うことも可能となった。

　現在の学校教育の現場では、学力低下やいじめなど様々な問題が生じており、大きな社会問題として報じられている。これらの問題に的確に対応するためには、教職員が子どもたち一人ひとりと向き合う時間をより多く確保し、質の高い義務教育を実践することが必要である。このため、地方自治体には、子どもたちの状況にあわせた、より柔軟な取り組

図2-21　都道府県別教員一人あたり児童生徒数の経年比較

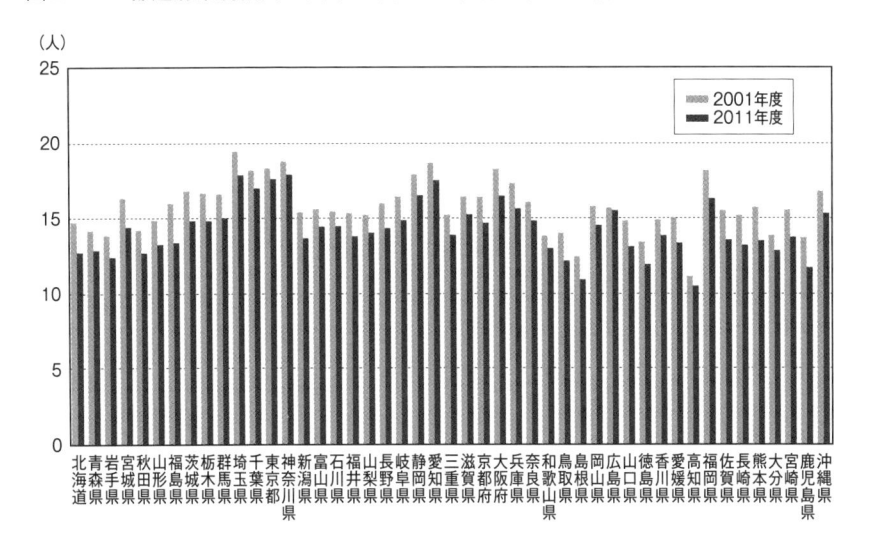

みが求められる。

○学童保育設置率

2003年と2011年を比較すると、学童保育設置率（学校数に対する設置割合）はすべての都道府県で向上しており、特に茨城県、栃木県、群馬県、福井県、佐賀県などの増加率が大きい（図2-22参照）。

地域社会の中で、放課後や夏休みなどの長期休暇時に子どもたちの安全で健やかな居場所づくりを推進し、総合的な放課後児童対策として「放課後子どもプラン（放課後児童クラブ・放課後子ども教室）」が実施されている。

現在の地域社会の中では、子ども同士のつながりや地域の大人と子どもたちが関わる機会が減少しており、仲間同士の横の関係や異なる世代との縦の関係が構築しにくい状況にある。学童保育は、子育て中の親世代へのサポートであると同時に、子どもたち同士で仲間意識を持ったり、大人から学んだりする社会教育の一面も大きい。このような場に地域の

図2-22　都道府県別学童保育設置率の経年比較

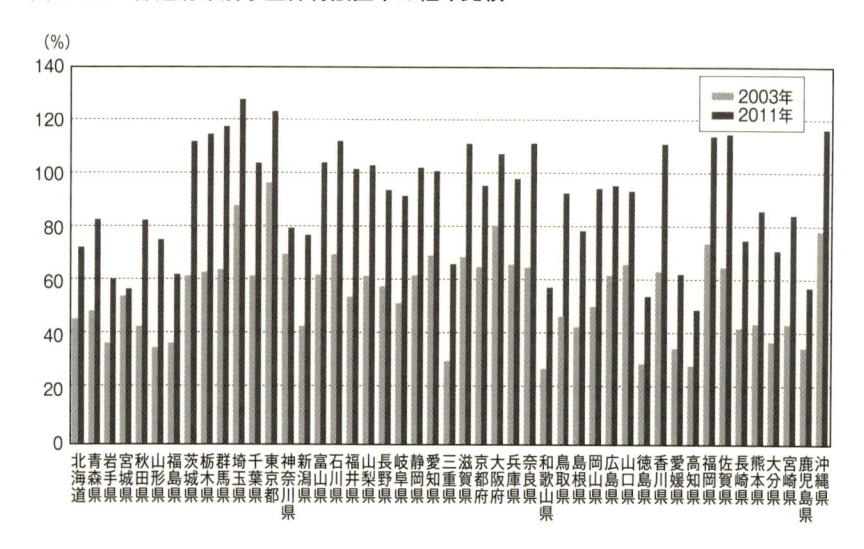

大人世代、特に高齢者世代が積極的に関わることで、地域社会の未来を担う子どもたちの可能性も大きく広がり、さらには、子どもたちと大人や高齢者世代との相互交流を通じた地域の魅力向上につながることが期待される。

7　結び——ランキングから見えるもの

　本章では、独自に選定した55指標に基づく都道府県別幸福度ランキングについて紹介した。ここで取り上げた指標は、いずれも人々の幸福感や生活満足度を把握するための基盤的な要素と考えられるものである。また各指標は一定の思想・考え方（客観的な統計データの取得可能性を含む）のもとに選定したものであり、決して固定的なものではなく、主観的な幸福度を把握する方法を含めて、今後指標の充実などに取り組む考えである。

7.1 幸福が感じられる地域社会とは

　本章で分析した都道府県別幸福度ランキングでは、長野県や福井県、富山県など「仕事」、「生活」、「教育」などの分野で得点の高い、いわば安定した日常生活を送ることができる地域とともに、東京都のように経済や「文化」に特化した地域が上位を占めた。人口の年齢構成を見ると、前者は比較的高齢化率が高い地域であり、後者は若い世代が多いという特徴が見られ、世代間による指向性の違いもあると考えられるが、安定性のある地域社会、刺激的で常に新しいことにチャレンジできる機会がある地域社会は、いずれも人々が幸福や満足感を感じることができる社会であるといえよう。

　今回の分析で下位を占める道府県においても、それぞれに強みともいえる分野がある。それをいかに伸ばしていくか、あるいは弱い分野をどのように改善するか、短期および中長期的な視点からビジョンを描き、着実に実践することによってランキング順位は大きく変化する可能性がある。

　本章で分析したランキングは、客観的な統計データに基づく各都道府県の評価指標別順位を示すだけではなく、他の地方自治体との比較を通じて、今後の取り組みや改善の方向を議論するうえでの参考にしてもらうことが重要なねらいである。

7.2 幸福度や生活満足度の高い地域づくりに向けて

　本章では、人々の幸福感や生活満足度を高める地域づくりを目指すために、個人の自立自尊の必要性と、個人の自立自尊を支える生活・社会基盤の構築に向けた地方自治体の取り組みの必要性という、大きく2つの視点で分析を行った。

　個人の自立自尊とは、一人ひとりが自らの可能性を広げ、地域社会をより良くするために思考し行動する自立した個人を確立することを意味

している。前節では、政治への参加（投票率）のほか、自らの健康を保持したり教養・文化的素養を高めたり、持続可能な社会に合ったライフスタイルの選択、子どもたちの健全な成長に関わることなどを取り上げたが、このような取り組みが個人の自立につながり、幸福感や生活満足度の高い地域づくりの基礎になると考えられる。

　一方、地方自治体は、各分野において住民一人ひとりの可能性を広げられる環境づくり、自立した個人が多く生活する地域づくりを目指すことが求められる。特に、人口減少と高齢化が進展する中で、いかにこれらの環境づくりを行っていくかが大きな課題である。

　次章の「世界の幸福度ランキングの状況」で紹介されているとおり、デンマークがいずれの調査結果でも「幸福度」ランキングは1位である。109頁のコラムで紹介しているように、国家の不利な状況に際して、それを建て直していったデンマーク国民の精神を、内村鑑三は「デンマルク国の話」の中で高い評価を行っている。すなわち、デンマークでは逆境の時にも国の明確なビジョンのもとに、時間をかけた地道な生活・社会基盤構築への取り組みが行われ、国民もそれに共感し、自ら行動するところの自立自尊の精神を高めている姿がうかがえる。

　国と地方自治体では違いもあるが、将来の地域づくりに向けたビジョンと取り組みに対して住民が共感し共に行動することで、一人ひとりの自立自尊の精神も養われ、それが幸福を高める地域づくりにつながっていくものと考えられる。今後、そうした地域づくりに向け、住民と地方自治体が一体となった取り組みが全国各地でさらに活発化することを期待している。

Happiness

第3章

世界の幸福度ランキングの状況

1 国際機関・各国における幸福度ランキングの状況と特徴

　幸福度に関する情報やランキングについては、近年になり海外でも国際機関、各国政府、大学・研究者などの多くが関連する調査や分析を行い、定期的に公表している。これは、各国においても近代化や産業化に伴う経済的・物質的な充足から、人々の価値観の多様性などに伴う精神的かつ自己実現の充足をより重視する知識社会へのシフトを物語るものといえる。すなわち、政府や研究者にとって人々の暮らしの充足感やニーズの変化をどのように政策立案や研究に反映し、より良い国家や社会の方向や実現に向けてどのように改善していくかを測る指標として活用することを主なねらいとしていると考えられる。

　海外での幸福度に関する検討は、大きく2つの測定方法に区分される。1つは国際機関や各国政府に多く見られるもので、幸福度の測定を主に客観的な統計データに基づき把握しようとする方法である。もう1つは大学・研究者に多く見られるもので、人々の主観的幸福感をアンケート調査などに基づき直接把握しようとする方法である。

　前者の客観的方法による検討は、主に1970年代から開始され、オランダや韓国がその代表国であるが、多くは2000年代以降に検討が進められ、国際連合、OECD（経済協力開発機構）、欧州委員会などの国際機関のほか、オーストラリア、タイ、フィンランド、アイルランドなどがその代表国である。後者は主に1980年代から開始され、欧米の大学・研究者が中心になり、世界各国の大学・研究機関などが協力して多数の国のデータを収集・分析し、「国別幸福度ランキング」を公表していることに特徴がある。また、近年は韓国、ブータン、オランダ、イギリスなどで両者を組み合わせた幸福度を測定する方法を新しく採り入れる動きが見られる。

　これら幸福度に関する国際機関・各国政府および大学・研究者の検

討・研究状況の中から、内閣府における最近の幸福度指標の検討に関する公表資料なども参照し、指標や測定方法が多様かつ特徴的で、我が国にとっても示唆が多いと考えられる代表的な事例を以下に紹介する。

① OECD Better Life Indexより良い生活指標（2011）：11分野（24指標）

（検討の背景）

OECD（経済協力開発機構）は、主に世界の先進国（34カ国）が加盟する国際機関であり、先進国クラブとも呼ばれる組織である。OECDでは、2007年に社会進歩測定に関するグローバル・プロジェクトとして検討が開始され、市民のより良い生活を実現するためにより良い政策立案を行えるよう各国政府を支援するため、幸福度の測定に関する議論・研究を積極的に行い、Better Life Index（BLI、2011）が公表されている。

（指標設定の特徴：表3-1参照）

BLI（より良い生活指標）では、幸福にとって必要不可欠と考えられる物質的な生活条件（住宅、収入、仕事）と生活の質的条件（コミュニティ、教育、環境、市民参加、健康、生活満足度、安全性、仕事と生活のバランス）の11分野を設定し、各分野それぞれに1～3つの具体的な指標から成り、全体では24指標をもとに測定する方法を採っている。

これら指標は、妥当性（表面的、深度、政策的の各視点）やデータの信頼性（予測性、対象、適時性、国際比較可能性の各視点）といった統計的基準に基づき、かつOECD加盟国と協議のうえ選定されている。

測定の方法としては、OECD、国連および加盟国政府の統計局などの協力による公式の統計データを基本に分析されるが、指標の一部（暴行率など）は世界140カ国以上で定期的に世論調査を実施しているギャラップ調査（Gallup World Poll）からのデータや健康分野（健康度）ではインタビュー調査による主観的状況を直接把握する方法に基づくものも含まれる。

表3-1　OECD Better Life Index より良い生活指標（2011）：11分野（24指標）

分野	各指標	定義（測定方法）
住宅	部屋数（一人あたり）	住人一人あたり住宅（部屋）の広さ。住宅の広さ（部屋数）を住人数で割った広さ（部屋数）で測定
住宅	住宅関連支出	世帯あたり可処分所得に占める住宅費および維持修繕費に要する最終消費支出の割合で計算
住宅	住居の施設状況	個人の衛生施設に対する感じ方をもとに、一般的な宿泊施設などの基本的な機能と比較・評価。屋内水洗トイレの未整備（家庭における屋内水洗トイレの整備）の割合から測定
収入	家計の可処分所得	収入には、給与所得のほか、財産、帰属家賃、直接税、家計が支払う社会保障負担金が含まれ、また家計が政府から受け取る教育や医療などの現物社会移転も含む
収入	家計の金融資産	金融資産（例えば、現金、債券および株式）のすべてで構成
仕事	雇用率	有給で雇用されている労働年齢人口（OECD加盟国では概ね15〜64歳）の割合
仕事	長期失業率	労働人口に占める1年以上失業している人数の割合。失業者は現在働いていないが、積極的に求職している人々
仕事	個人の年収	フルタイム従業員一人あたり平均年収
仕事	雇用形態	6ヶ月未満の在職期間に従事する雇用の割合
コミュニティ	支援ネットワークの質	親類や友人、またはトラブルになった場合に助けてくれる隣人を持っている人口割合
教育	学歴	OECD-ISCED分類によって定義された少なくとも高等学位を取得、保持している成人人口（15歳〜64歳）の割合
教育	教育の年限	5歳の子どもの生涯における就学を期待することができる教育の平均持続時間（年数）を測定
教育	学生の数学、科学、読解の習熟度	義務教育の最終年における学生の能力を測定。数学、科学のレベル、読解能力をStudentswereテストで測定。このテスト（測定）は、国際学生学習到達度調査（PISA）、OECDのプログラム2009年版に基づく
環境	大気汚染	我々（1立方メートルあたりマイクログラムで測定）が呼吸する空気中の微粒子の人口加重平均濃度（PM10）を指し、データは10万人以上の都市の住宅地を基準。粒子状物質は、空気中に浮遊する小さな液体と固体粒子で構成され、硫酸塩、硝酸塩、元素状炭素、有機炭素物質、ナトリウムおよび種々の濃度のアンモニウムイオンが含まれる。公衆衛生に最大の関心となる粒子は、肺の深い部分に吸入される粒子は直径10ミクロン（PM10）以下が基準
環境	水質	居住地の水質に満足している人々の割合
市民参加	投票率	主要な国政選挙の選挙参加の程度を測定。有権者登録人口を基本に投票数は考慮。登録人口が有権者名簿に記載されている人口（投票年齢人口）は、一般的に18歳以上の人口と規定。投票数は、国家統計局および選挙管理委員会から収集
市民参加	ルールづくりへの参画	正式な協議プロセスは、規制案の設計の主要段階で内蔵されている程度を説明し、機構はドラフト法律や下位法令の準備に影響を与えるために、その協議の結果に左右するかどうかを指定。この尺度は、規制を設計するときに使用される協議プロセスの開放性と透明性に関する様々な情報を集約する複合指標
健康	平均寿命	人々の生活の長さの標準的な尺度。平均寿命は、出生時に様々な年齢で計算可能
健康	自己申告による健康度	"あなたの健康は一般的にどうですか？"という基本的な質問を実施。データは一般的な世帯調査や様々な国の公式調査の一環として行われ、より詳細な健康の質問に基づく
生活満足度	生活の満足度	個人から見た全体の生活満足度を測定。生活満足度は、現在の感情よりも全体としてのこれはCantril Ladder (Self-Anchoring Striving Scaleとも呼ばれる) 最悪の人生（0）から可能な限り最高の人生（10）に至る観点で、人々に質問形式で測定。国ごとのスコアは、その国のCantril Ladderへの応答の平均値として計算
安全性	殺人率	毎年、警察に報告される意図的な殺人の数を10万人あたりで測定。データは、国連薬物犯罪事務所（UNODC）、法執行機関検察官事務所および各省庁と同様に地域の犯罪防止の観測から収集された各国のデータに基づく
安全性	暴行率	過去12ヶ月間に暴行犯罪の被害を受けた人の割合。提示データは、ギャラップ世界世論調査から引用
仕事と生活のバランス	長時間労働の従業員	給与の対価として週に50時間以上働く従業員の割合。データは、長時間労働を故意に選んだ可能性がある自営業者は除外
仕事と生活のバランス	娯楽・パーソナルケアの時間	レジャーとパーソナルケアに専念できる一日の時間の利用調査に基づくデータを引用

各指標の集計方法は、例えば、健康は平均寿命と健康度で測られるため、健康のスコアは以下により集計される。

健康のスコア＝（平均寿命＋健康度）÷2

標準化方法について、BLIには別の単位（ドル、年など）によって表示される多くの指標が取り入れられている。別の単位で表示される値を比較、集計するには値を標準化する必要があるため、この標準化は指標の原値を0（考え得る最低の結果）から1（考え得る最高の結果）の数値に変換する標準的な次の計算式に基づき行われる。

標準化＝（変換する値－最小値）÷（最大値－最小値）

また、指標が幸福の負の要素（失業など）を測る場合には、次の計算式が用いられる。

標準化（負の要素）
　＝1－（変換する値－最小値）÷（最大値－最小値）

（ランキング化）

OECDは各国の豊かさを点数化しているものの、ランキングは行っていない。これは、人によって幸福の捉え方が異なるため、各国それぞれで11分野が幸福にどの程度寄与するかを決められるように設定されている。したがって、日本が21位（34カ国中）ということは、11分野すべてに同じ重み付けを行った場合（初期値）の順位であり、この値をOECDとして推奨しているわけではない。

② オーストラリア Measures of Australia's Progress 進歩の測定（2010）：4分野（22領域、69指標）

（検討の背景）

オーストラリアでは、10年前と比較して生活が改善しているかどうかを国民が評価する指標として提示するため、Measures of Australia's Progress（MAP、2010）が公表されている。検討主体は、主に国家統計庁が担っている。

表3-2 Measures of Australia's Progress オーストラリア 進歩の測定（2010）：4分野（22領域、69指標）

分野	領域	主要指標	補足指標
社会	健康	平均寿命	乳児死亡率、自己申告健康状態、避けることが可能な死
	教育・訓練	職業または高等教育の資格を持つ25～64歳人口	15～19歳人口の教育参加率
	仕事	失業率	長期失業率、不完全雇用率、労働力過小稼働率、拡張労働力過小稼働率
	犯罪	個人の犯罪の被害者、家庭内犯罪の被害者	窃盗、性的暴行、他の家庭内犯罪、家庭内/公共の場で一人で過ごす安心感
	家族、コミュニティ、社会的結束	ー	雇用されている親がいない子どもの割合、ボランティアの人の割合、自殺率、薬物による死亡率
	民主主義、統治、市民性	ー	オーストラリアの市民で外国生まれ住民の割合、オーストラリアの市民権を付与された人、連邦選挙における無効投票の割合、連邦議会選挙の候補者数、連邦議員に占める女性の割合、国民総所得に占めるODAの比率
経済	国民所得	一人あたり実質可処分所得	一人あたり最終消費支出、国民純貯蓄率（対GDP）
	国富	一人あたり実質国民純資産	一人あたり実質国民資産、及び負債
	家計の経済的福祉	中低所得者の平均実質等価週間家計可処分所得	家計部門総純資産、家計純資産
	住居	低所得者向けの借家、低負担度	自宅保有率、中所得世帯に対する低負担住宅の割合
	生産性	多要素生産性	ー
環境	生物多様性	絶滅動物種	絶滅危惧植物相種、オーストラリアの保護地域総面積比率
	土地	ー	年間森林転換、原生林面積の変化
	内陸水面	ー	水純消費量、一人あたりの水消費量、農業水利用量
	海・河口	ー	乱獲された、もしくは乱獲にさらされている魚群、海洋公園と保護地域
	大気汚染	温室効果ガスの排出量	一人あたりの温室効果ガスの排出量、部門別温室効果ガスの排出量、再生可能資源からのエネルギー生産量
	廃棄物	ー	総廃棄物量、一人あたり廃棄物生成量、廃棄物転換率、廃棄物排出量
補足	文化・余暇	スポーツおよび身体的レクリエーションへの参加率、文化施設やイベントへの参加率	レクリエーションおよび余暇の時間、スポーツや文化のボランティア活動
	通信	家庭からのインターネットへのアクセス、家庭のコンピューターへのアクセス	オンラインショッピング、SNS、インターネット・セキュリティ
	運輸	交通事故による死亡率、1000人あたり乗用車数	燃料消費量・排出量、鉄道輸送、海上輸送、貨物輸送、航空輸送
	インフレ	消費者物価指数、国内最終需要価格指数	最終消費支出、純固定資本形成
	国際競争力	貿易加重指数、輸入対GDP比、オーストラリア企業に対する外国人所有率	ー

（注）表中の「ー」は「なし」を示す。

（指標設定の特徴：表3-2参照）

MAP（進歩の測定）では、社会進歩及び幸福度の測定について、社会、経済、環境、補足の4分野を設定し、各分野それぞれに5～6つの領域から成り、合計で22領域が設定されている。さらに、領域ごとに主要指標及び補足指標があり、全体では69指標をもとに測定する方法を採っている。

MAPは、国民に生活が改善しているかどうかを評価させる意図から、各分野・領域それぞれに具体的な指標が設定され、すべての指標が客観的な統計データに基づき測定することに特徴がある。また、社会進歩及び幸福度の測定にとって必要不可欠と考えられる社会、経済の分野では主要指標とともに、具体的な補足指標を設定していることも改善状況を容易に評価するうえで有用と考えられる。

個別的な特徴としては、移民が多い国情から民主主義、統治、市民性の領域で、多くの補足指標が設定されている。また、補足分野では、今後の国家の方向を占う意味合いから、文化・余暇（ボランティア活動など）、通信（SNSなど）、運輸（燃料消費量など）、国際競争力（オーストラリア企業に対する外国人所有率など）の先行的領域・指標が設定されている。

③ 韓国 社会指標（2011）：13分野（52指標）

（検討の背景）

韓国では、1975年から社会進歩及び幸福度の測定に関する検討が開始され、その後1987年、1995年の検討を経て、今般、社会発展政策の企画立案に役立てるため、これまでの枠組みを大きく変更した社会指標（2011）が公表されている。検討主体は、主に国家統計局及び韓国開発研究院が担っている。

枠組みを大きく変更した主な点は、社会統計調査（Social Statistics Survey、標本数3万世帯）を活用して主観的幸福度（満足度）を含む測

表3-3　韓国 社会指標（2011）：13分野（52指標）

分野	各指標
人口	総人口、将来推計人口、高齢者人口、高齢化率、平均寿命
家庭・家族	世帯構成、平均世帯数、結婚、離婚、第一子の出産年齢
所得・消費	国民総所得（GNI）、国内総生産（GDP）、地域内総生産、租税負担率
労働	産業別週労働時間、月平均賃金、障碍者の義務雇用状況、労働環境への満足度
教育	就学率、進学率、学校の級別生徒数、学生の学校生活満足度
健康	学生の平均身長、主要死亡要因、医療機関/医療従事者数の現状、主要慢性疾患の有病率
住居・交通	住宅建築実績、都市の住宅売買と住宅リース価格指数、自動車の登録台数
情報・通信	携帯電話、超高速インターネット加入者数、インターネットショッピングの経験 等
環境	主要都市のオゾン汚染度、森林面積、環境汚染防止の努力 等
福祉	健康保険の負担額、基礎生活保障や医療給与の受給者、要保護児童発生状況
文化・余暇	新刊書籍の発行、映画の上映本数および観客数
安全	交通事故の状況、犯罪発生件数、外国人犯罪者の割合
政府・社会参加	総公務員数（定員）、政府歳出の機能別の構成、地方財政の自立度

定を行っていることである。

（指標設定の特徴：表3-3参照）

社会指標では、これまでの社会進歩および幸福度の測定に関する検討を踏まえ、社会、経済、環境を対象に13分野を設定し、各分野それぞれに3〜5つの具体的な指標から成り、全体では52指標をもとに測定する方法を採っている。

これら指標は、社会発展政策の企画立案に役立てるため、各分野それぞれに具体的な指標が設定され、中でも社会のカテゴリーに含まれる指標が多く、客観的な統計データと主観的満足度に関する調査結果に基づき測定することに特徴がある。

個別的な特徴としては、社会のカテゴリーでは、家庭・家族（第一子の出産年齢）、福祉（要保護児童発生状況）、文化・余暇（新刊書籍の発行）が設定され、経済のカテゴリーでは、所得・消費（租税負担率）、住

居・交通（都市の住宅売買と住宅リース価格指数）などが設定されている点が目新しい。

また、主観的指標は、労働（労働環境への満足度）、教育（学生の学校生活満足度）の分野で設定されているが、社会指標として主要指標であり、社会発展政策の企画立案にとって有用と考えられる。

④ ブータン Gross National Happiness 国民総幸福量（2010）：9分野（33領域、72指標）

（検討の背景）

ブータンでは、人々の幸福は国の発展の目標であるという前国王の考えを反映し、2005年から幸福度の測定に関する検討が開始され、2006年、2007年のパイロットテストを踏まえ、2008年に第1回結果が公表され、さらに検討を経て、社会の方向性を示すとともに政策立案に活用するため、Gross National Happiness（GNH、2010）が公表されている。検討主体は、主に国立ブータン研究センターが担っている。

（指標設定の特徴：表3-4参照）

GNH（国民総幸福量）では、社会進歩および幸福度の測定について、所得、健康、社会、環境を対象に9分野を設定し、各分野それぞれに2～4つの領域から成り、合計で33領域が設定されている。さらに、領域ごとに構成指標があり、全体では72指標をもとに測定する方法を採っている。

GNHは、社会の方向性を示すとともに政策立案に活用する意図から、各分野・領域それぞれに構成指標が設定され、各指標は統計データと主観的幸福度に関する調査結果に基づき測定することに特徴がある。

構成指標では、それぞれ測定に際しての説明が付され、例えば、心理的幸福分野の精神指標は、祈り、瞑想の回数などを把握する。環境多様性分野の生態知識指標は、地域の植物や動物の名前を知っているか、健康分野の健康阻害指標は、最寄りの医療機関までの距離を把握する。ま

表3-4 Gross National Happinessブータン 国民総幸福量（2010）：9分野
（33領域、72指標）

分野	領域	構成指標
心理的幸福	生活満足度、肯定的感情、否定的情動、霊性	一般的なストレス指標、感情的均衡指標、精神指標
環境多様性	野生動物の被害、都市問題、環境への責任、環境問題	生態劣化指標、生態知識指標、植林指標
健康	自己の健康状態を報告、健康の日数、身体障害、精神の健康	健康状態指標、健康知識指標、健康阻害指標
教育	知識、価値、学校教育、リテラシー	教育到達指標、教育知識指標、教育阻害指標
文化	職人のスキル、文化的な参加、母国語力、エチケット行動	方言利用指標、伝統スポーツ指標、地域の祭り指標、職人技術指標、相互作用指標、価値伝統指標、基本教訓指標
生活水準	所得世帯あたりの収入、資産、住宅	生活水準指標、逆境指標
時間利用	睡眠、仕事	時間指標（睡眠時間、総労働時間）
地域の活力	寄付（時間とお金）、安全性、地域関係、ファミリー	家族指標、安全指標、相互依存指標、地域信頼指標、社会性指標、社会的サポート指標、親族指標
統治	政治参加、サービス、政府のパフォーマンス、基本的権利	政府パフォーマンス指標、自由度指標、制度への信頼指標

た、生活水準分野の逆境指標は、地域の祭りへの貢献度、家の修理の延期の経験などを把握するなど、独特の測定方法が採られている。

　個別的な特徴としては、文化と地域の活力に関する構成指標が多く設定され、例えば、文化分野における伝統スポーツ指標は、過去1年間にどれだけの伝統スポーツをしたか、価値伝統指標は、子どもにしつけを教えることの価値や貧富などに偏見を持たない価値を教えることの重要性の認識、基本教訓指標は、殺人や窃盗は正当化されるか、などを把握する。また、地域の活力分野における家族指標は、家族はお互いに助け合っているか、安全指標は、犯罪の被害者になったか、相互依存指標は、地域で相互に作業を手伝ったか、親族指標は、親族が同じ地域に住んでいるか、などを把握する。このように、文化と地域の活力分野の指標が細かく設定されており、社会の方向性や政策を検討するうえでこの

分野が特に重視される指標と想定される。

⑤ オランダ SCP Life Situation Index 生活状況指標（2009）：8分野（19指標）

（検討の背景）

オランダでは、1974年から社会進歩および幸福度の測定に関する検討が開始され、1997年から主観的指標が一部取り入れられ、その後の検討を経て、社会の発展状況を把握・描写するとともに、社会的不利益を防止し、不利益が存在する場合はそれらを解決する社会政策の立案に資するため、SCP Life Situation Index（LSI、2009）が策定・公表されている。策定主体は、SCP（オランダ社会研究機構）が担っている。

表3-5 SCP Life Situation Index オランダ 生活状況指標（2009）：8分野（19指標）

分野	構成指標	主な質問内容
健康	持病の有無	To what extent do you have difficulty in carrying out everyday activities at home as a result of one or more long-term illnesses, conditions or disabilities?（日常生活に支障をきたす長期の病気をもっていますか？）
スポーツ	過去1年間のスポーツ参加率	How many sports have you participated in during the last 12 months?（過去1年間、どのぐらいの頻度でスポーツに参加しましたか？）
社会参加	所属団体、ボランティア活動参加率	How many of the organisations do you do voluntary work?（いくつの組織でボランティア活動をしていますか？）
レジャー・文化活動	趣味、スポーツやレクリエーションへの参加率、文化施設やイベントへの参加率	How many of the cultural activities have you visited at least once during the past 12 months?（過去1年間、いくつの文化活動に参加しましたか？）
住居	自宅保有率、住居面積、部屋数、居住形態	What kind of home do you live in ?（どのような種類の住居ですか？）
社会的流動性	公共交通機関の利用率	Do you have a travelcard or season ticket for public transport?（あなたは公共交通機関のトラベルカードかシーズンチケットは持っていますか？）
余暇	過去1年間の海外滞在期間、休日の割合	How often have you been on holiday during the last 12 months ?（どのぐらいの頻度で休日がありますか？）
資産	自動車保有率、電化製品保有率	Is there a car in your household?（あなたの世帯で車を持っていますか？）

（指標設定の特徴：表3-5参照）

LSIでは、これまでの社会進歩および幸福度の測定に関する検討を踏まえ、主に生活環境（住居、健康、社会参加など）を対象に8分野を設定し、各分野それぞれに1～4つの構成指標から成り、全体では19指標をもとに測定する方法を採っている。

これら指標は、社会の発展状況を把握し、描写することを意図したものであるため、諸外国に見られる経済や環境のカテゴリーは含まれていない。また、各指標の測定は、それぞれ簡潔な質問形式によって直接把握する方法が採られていることに特徴がある。

個別的な特徴としては、レジャー・文化活動と住居に関する構成指標が多く設定され、社会政策の立案のうえでこの分野が重視される指標と想定される。

⑥ イギリス Measuring National Well-being 国民幸福度測定（2011方針発表）：9分野（案）

（検討の背景）

イギリスでは、2010年からGDPなどの経済指標が示す以上に「社会がどうなっているか」についての全体像を提供するため、Measuring National Well-being（国民幸福度測定）の検討が開始され、2011年に方針が発表され、現在意見募集などを含めた実験テストが行われている。検討主体は、国家統計局が担っている。

（指標案設定の特徴：表3-6参照）

検討中の国民幸福度測定では、個人の幸福を測定する項目のほか、9分野の項目が検討されており、このうち6分野（人間関係、健康、仕事、居住地域、個人の資産、教育と職業技術）では主観的幸福度を測定するための質問項目が例示されている。また3分野（国の経済状況、国の統治に関する状況、自然環境）では、経済成長に関する統計データ、選挙での投票率、二酸化炭素（CO_2）排出率などの客観的データに基づく測

表3-6 Measuring National Well-being（検討中）2011年方針発表：9分野（案）

分野	予測される質問*
（個人の幸福）	「あなたは自分の人生に満足していますか？」
人間関係	「あなたは自分の妻または夫に満足していますか？」
健康	「自分の身体的および精神的健康に満足していますか？」
仕事	「自分の仕事に満足していますか？」
居住地域	「居住地域での犯罪が心配ですか？」
個人の資産	「自分の収入に満足していますか？」
教育と職業技術	「自分の教育程度に満足していますか？」
国の経済状況**	－
国の統治に関する状況**	－
自然環境**	－

*）各項目が「幸福度指標」として導入された場合、「幸福度」を測定するため、ONS（Office for National Statistics)による調査に盛り込まれると予測される質問（例示）。
**）国の経済状況、国の統治に関する状況、自然環境は、それぞれの経済成長に関するデータ、選挙での投票率、二酸化炭素（CO_2）排出率などのデータなどが、「幸福度」の測定に使われる予定。

定が予定されている。

⑦ その他主要国の検討状況

これら主要国のほか、タイでは、2007年から検討が開始され、「グリーン幸福度指標」として6分野、30指標が設定・公表されている。フランスでは、2008年に経済パフォーマンスおよび社会進歩の測定に関する委員会が設置され、指標としてのGDPの限界、付加的な情報の種類、代替指標の設定可能性などの検討が進められている。ドイツでは、2008年に国家統計庁より生活の質と社会変化に関する「社会報告書」が取りまとめられ、公表されている。フィンランドでは、2007年から検討が開始され、社会的発展に関する情報提供、実証に基づく政策立案に資するため、"Findicator" として12分野、100指標が設定・公表されている。アメリカでは、2008年に主要国民指標委員会が設置され、主要国民指標（Key National Indicator System）の検討が進められている。

一方、日本でも経済企画庁（現内閣府）を中心に1970年代から2005年

までに社会指標（SI）、国民生活指標（NSI）、新国民生活指標（豊かさ指標、PLI）、暮らしの改革指標（LRI）などの指標化を検討・公表している。そして、直近では、所得の増加にもかかわらず主観的幸福感が低いという背景などから、「成長戦略」（2010年策定）でも幸福度指標を作成する旨が盛り込まれ、現在主観的幸福度を把握する測定方法を含む検討が進められているところである。また、地方自治体なども都道府県を中心に住民意識の変化などに対応するため、「暮らしやすさ」や「幸福度」などの類似指標の検討が進められている。

コラム　幸福度指標は国情に応じてそれぞれ特徴がある

　各国の幸福度を測定する指標の設定は、国情に応じてそれぞれ特徴がある。

　オーストラリアは、移民が多いこともあり、民主主義、統治、市民性の領域を測定する指標が考慮されている。また、ボランティア活動、SNS、燃料消費量、国内企業に占める外国人所有率など、今後の国家の方向性に関連する先行的な領域・指標が設定されている。韓国は、社会のカテゴリーに関わる指標が多く、韓国社会の将来に向けて労働環境や学校生活を主観的幸福度（満足度）として測定していることが示唆的である。ブータンは、国情から国家の安定に力点が置かれていると考えられ、文化、地域の活力などを特に重視している。オランダは、物質的豊かさが進み、今後の国家の方向性として、社会参加など社会の発展状況を把握・描写する意図が見られる。イギリスもオランダと同様の傾向にあると考えられる。

　また、タイの「グリーン幸福度指標」は、6分野（健康、暖かい家庭、地域の力の強化、経済力と公正さ、環境と生態系保護、良い統治による民主社会）で構成され、このうち、地域の力の強化分野は、「自立」と「支援の得られる地域社会」の領域から成り、前者は地域組織、解決対応の学習、

後者は地域福祉、調和と相互援助という指標がそれぞれ設定されており、人々が自ら積極的に地域社会に参加したり、連帯したりすることなどを通じて国民により幸福度を意識させようとする指標は、我が国の地方自治体などにとっても参考となる指標といえよう。

　これらの世界各国の幸福度指標の特徴は、それぞれの国情（歴史・文化、社会・経済などの状況）に応じて異なるが、我が国の今後の国家や地域社会のあるべき方向や形をどのように考え、形成していくかで、設定指標も測定方法も多様な選択肢があるようにも思われる。

2　大学・研究者による幸福度ランキングの状況と特徴

①　World Values Survey 世界価値観調査（2008）

（調査の背景）

　World Values Survey（WVS、世界価値観調査）は、政治、経済、労働、宗教、家族、環境など広範な分野にわたる価値観について国際的な比較研究を行うため、ミシガン大学（University of Michigan）のロナルド・イングルハート（Ronald Inglehart）教授が中心になって世界各国の研究機関などに呼びかけて実現しているものである。WVSでは、「幸福度」を含む広範な分野を分析する価値観調査を1981年から開始し、概ね5年ごとに調査を実施してきており、2008年調査が5回目である。この間、調査票の質問数（約250）、参加国数を拡充し、現在では世界97カ国（世界人口の約9割をカバー）が参加する、世界でも最大級の規模の国際比較調査である。

　WVSは、世界情勢が刻々と変化し、中国の市場経済化、旧ソ連・東欧など社会主義圏の変容、21世紀に入っての9.11テロや世界経済危機な

ど、世界を揺るがす大きな出来事が続く中で、世界各国の人々の基本的（自由、平等、人権、民主主義など）かつ広範な分野（政治、経済、労働、宗教、家族、環境など）に関する価値観がどのように時間とともに変化しているか、それぞれの国民の価値意識変化の状況を継続して把握・描写することを主なねらいとしている。このため、当初は欧米先進国（22カ国）を中心に調査が実施されていたが、国際環境が激変する中で、中国、ロシア、インドをはじめ世界各地域で暮らす人々にまで対象を拡げ、各国の価値意識変化を探る手がかりとして分析・活用している。

（調査の方法）

WVSでは、原則として1カ国につき1研究グループが参加し、同一の調査票に基づき各国それぞれで実査を行う。その結果を相互に提供しあうことにより各研究グループは参加国すべての調査結果を入手でき、自国でも公表する権利が与えられる。調査対象は、18歳以上の個人であり、各国とも地域は全国をカバーする必要がある。調査は個別訪問面接で行われ、実査は世界97カ国で延べ35万人のサンプル数（データ）が確保されている。調査は、主に全米科学財団（National Science Foundation）などからの資金支援で行われている。

（価値意識調査項目・指標の特徴）

WVSの価値意識調査は、主に社会的価値観及び生活領域別価値観に大別される。前者は、主に「自由・平等」、「社会」、「政治」、「国家・国際意識」に関する価値観、後者は、「幸福と満足の構図」、「家庭・家族」、「仕事・余暇・ボランティア」、「宗教」に関する価値観をそれぞれ把握する質問から成り、全体で250項目を超える設計となっている。

これら約250の質問項目をもとに400から800個の指標が作られるが、幸福度ランキングに適用される項目は、このうち「幸福と満足の構図」に関係する指標が特定され、主に現在の幸福感、健康状態、生活全体の満足度、仕事・家庭・家計の満足度などに関する質問項目によって設定されている。

（ランキング化）

WVSでは、調査票に記載されている幸福と満足の構図に関連する質問項目について、次の2つの質問形式への回答を統計的に解析し、ランキング（総合指標として一元化）を行っている。

1) "Taking all things together, would you say you are very happy, rather happy, not very happy, not at all happy?（全体的にいって、あなたはとても幸せ、やや幸せ、あまり幸せではない、全く幸せではない、のうちどれが当てはまりますか？）

2) "All things considered, how satisfied are you with your life as a whole these days?（全体的に考えて、あなたは現在の生活にどの程度満足していますか？）

前者（幸福指標）は、4段階で評価され、後者（満足指標）は、1（不満）～10（満足）までの10段階（ポイント）の中から回答する形式である。これらの集計に際しては、両者を等しい重みとするため、幸福指標に変数（2.5倍）を与えている。

各回答の解析方法は、幸福指標と満足指標を均等加重して合計した値（平均値）を「世界国別幸福度ランキング」として公表している。なお、ランキングに使用される各国のデータはより信頼性を確保するため、直近の3回目までの実査結果が適用されている。

（ランキングの特徴：表3-7参照）

表3-7は「幸福度」の高い順に記載されており、97カ国の平均値は1.57である。79位以下の国はマイナスの値になっているが、これらの国は、「幸せではない」、「生活に不満」という意見が多く見られた結果である。

97カ国のうち、デンマークが1位（4.24）である。主要国では、アメリカが16位（3.55）、イギリスが21位（3.39）、ドイツが35位（2.60）、フランスが37位（2.50）、日本が43位（2.24）、中国が53位（1.64）、インドが68位（0.85）、ロシアが88位（-1.01）の順位である。

日本は、アジアの中でタイ（27位）、シンガポール（31位）、マレーシ

表3-7 World Values Survey 世界価値観調査 (2008)
世界国別幸福度ランキング (97カ国)

	国	平均		国	平均		国	平均
1	デンマーク	4.24	36	ベトナム	2.52	71	アルジェリア	0.60
2	プエルトリコ	4.21	37	フランス	2.50	72	ブルキナファソ	0.60
3	コロンビア	4.18	38	フィリピン	2.47	73	エジプト	0.52
4	アイスランド	4.15	39	ウルグアイ	2.43	74	スロバキア	0.41
5	北アイルランド	4.13	40	インドネシア	2.37	75	ハンガリー	0.36
6	アイルランド	4.12	41	チリ	2.34	76	モンテネグロ	0.19
7	スイス	3.96	42	ドミニカ共和国	2.29	77	タンザニア	0.13
8	オランダ	3.77	43	日本	2.24	78	アゼルバイジャン	0.13
9	カナダ	3.76	44	スペイン	2.16	79	マケドニア	−0.06
10	オーストリア	3.68	45	イスラエル	2.08	80	ルワンダ	−0.15
11	エルサルバドル	3.67	46	イタリア	2.06	81	パキスタン	−0.30
12	マルタ	3.61	47	ポルトガル	2.01	82	エチオピア	−0.30
13	ルクセンブルク	3.61	48	台湾	1.83	83	エストニア	−0.36
14	スウェーデン	3.58	49	スロベニア	1.77	84	セルビア	−0.45
15	ニュージーランド	3.57	50	ガーナ	1.73	85	リトアニア	−0.70
16	アメリカ	3.55	51	ポーランド	1.66	86	ラトビア	−0.75
17	グアテマラ	3.53	52	チェコ	1.64	87	ルーマニア	−0.88
18	メキシコ	3.52	53	中国	1.64	88	ロシア	−1.01
19	ノルウェー	3.50	54	マリ	1.62	89	グルジア	−1.01
20	ベルギー	3.40	55	キルギスタン	1.59	90	ブルガリア	−1.09
21	イギリス	3.39	56	ヨルダン	1.46	91	イラク	−1.36
22	オーストラリア	3.26	57	ギリシャ	1.45	92	アルバニア	−1.44
23	ベネズエラ	3.25	58	南アフリカ	1.39	93	ウクライナ	−1.69
24	トリニダード・トバゴ	3.25	59	トルコ	1.27	94	ベラルーシ	−1.74
25	フィンランド	3.24	60	ペルー	1.24	95	モルドバ	−1.74
26	サウジアラビア	3.17	61	韓国	1.23	96	アルメニア	−1.80
27	タイ	3.02	62	香港	1.16	97	ジンバブエ	−1.92
28	キプロス	2.96	63	イラン	1.12		平均値	1.57
29	ナイジェリア	2.82	64	バングラデシュ	1.00			
30	ブラジル	2.81	65	ボスニア・ヘルツェゴビナ	0.94			
31	シンガポール	2.72	66	クロアチア	0.87			
32	アルゼンチン	2.69	67	モロッコ	0.87			
33	アンドラ	2.64	68	インド	0.85			
34	マレーシア	2.61	69	ウガンダ	0.69			
35	ドイツ	2.60	70	ザンビア	0.68			

出典：Combined data from 1995-2007, World Values Surveys

ア（34位）、ベトナム（36位）、フィリピン（38位）、インドネシア（40位）に次いで7番目である。上位には、欧州の国々が多く含まれるが、中南米の国々も上位20位までに5カ国（プエルトリコ（米領）、コロンビア、エルサルバドル、グアテマラ、メキシコ）が入っている。一方、旧ソ連・東欧の国々の多くが下位になっていることが特徴である。

デンマークが1位の要因としては、52％の人々が生活にとても満足（10点満点中、9～10点を回答）という結果であり、評価指標では、幸福感、健康状態、生活全体の満足度のすべてで上位を占めており、仕事への満足度が各国に比べて高いことも特徴である。日本は、幸福感はとても幸せ、やや幸せを合わせると回答者の7割を超えているが、健康状態、仕事への満足度に関する指標が各国に比べて低いことが特徴である。

② World Map of Happiness 世界幸福度地図（2006）

（調査の背景）

World Map of Happiness（WMH、世界幸福度地図、2006）は、イギリスのレスター大学（University of Leicester）の心理学者エイドリアン・ホワイト（Adrian White）教授が中心になって心理学的アプローチから主に人々の主観的幸福度を国際比較するため、長年の研究蓄積をもとに同大学の数学者、社会学者などの協力を得て作成したものである。

（調査の方法）

WMHは、ユネスコ（UNESCO）、世界保健機関（WHO）、アメリカ中央情報局（CIA）などをはじめ世界の100以上の研究報告データや世界の8万人を対象とするアンケート調査に基づき分析されたものである。

アンケート調査は、人々の幸福に関して、最も重要と考える健康、富（所得）、教育の主に3項目（カテゴリー）について次のような質問が行われている。

"In general, would you say you are, 1. Very happy, 2. Quite happy, 3. Not very happy, 4. Not at all happy?（全体的にいって、あなたはとても

表3-8 World Map of Happiness 世界幸福度地図（2006）

世界国別幸福度ランキング（178カ国）

	国	スコア		国	スコア		国	スコア
1	デンマーク	273	36	ガイアナ	240	71	チリ	217
2	スイス	273	37	ホンジュラス	240	72	グレナダ	217
3	オーストリア	260	38	クウェート	240	73	モーリシャス	217
4	アイスランド	260	39	パナマ	240	74	ナミビア	217
5	バハマ	257	40	セントビンセント・グレナディーン諸島	240	75	パラグアイ	217
6	フィンランド	257	41	イギリス	237	76	タイ	217
7	スウェーデン	257	42	ドミニカ共和国	233	77	チェコ	213
8	ブータン	253	43	グアテマラ	233	78	フィリピン	213
9	ブルネイ・ダルサラーム	253	44	ジャマイカ	233	79	チュニジア	213
10	カナダ	253	45	カタール	233	80	ウズベキスタン	213
11	アイルランド	253	46	スペイン	233	81	ブラジル	210
12	ルクセンブルク	253	47	セントルシア	233	82	中国	210
13	コスタリカ	250	48	ベリーズ	230	83	キューバ	210
14	マルタ	250	49	キプロス	230	84	ギリシャ	210
15	オランダ	250	50	イタリア	230	85	ニカラグア	210
16	アンティグア・バーブーダ	247	51	メキシコ	230	86	パプアニューギニア	210
17	マレーシア	247	52	サモア	230	87	ウルグアイ	210
18	ニュージーランド	247	53	シンガポール	230	88	ガボン	207
19	ノルウェー	247	54	ソロモン諸島	230	89	ガーナ	207
20	セーシェル	247	55	トリニダード・トバゴ	230	90	日本	207
21	セントクリストファーネイビス	247	56	アルゼンチン	227	91	イエメン	207
22	アラブ首長国連邦	247	57	フィジー	223	92	ポルトガル	203
23	アメリカ	247	58	イスラエル	223	93	スリランカ	203
24	バヌアツ	247	59	モンゴル	223	94	タジキスタン	203
25	ベネズエラ	247	60	サントメ・プリンシペ	223	95	ベトナム	203
26	オーストラリア	243	61	エルサルバドル	220	96	イラン	200
27	バルバドス	243	62	フランス	220	97	コモロ	197
28	ベルギー	243	63	香港	220	98	クロアチア	197
29	ドミニカ	243	64	インドネシア	220	99	ポーランド	197
30	オマーン	243	65	キルギス	220	100	カーボベルデ	193
31	サウジアラビア	243	66	モルディブ	220	101	カザフスタン	193
32	スリナム	243	67	スロベニア	220	102	マダガスカル	193
33	バーレーン	240	68	台湾	220	103	韓国	193
34	コロンビア	240	69	東ティモール	220	104	バングラデシュ	190
35	ドイツ	240	70	トンガ	220	105	コンゴ共和国	190

出典：A Global Projection of Subjective Well-being: A Challenge to Positive Psychology?

	国	スコア
106	ガンビア	190
107	ハンガリー	190
108	リビア	190
109	南アフリカ	190
110	カンボジア	187
111	エクアドル	187
112	ケニア	187
113	レバノン	187
114	モロッコ	187
115	ペルー	187
116	セネガル	187
117	ボリビア	183
118	ハイチ	183
119	ネパール	183
120	ナイジェリア	183
121	タンザニア	183
122	ベナン	180
123	ボツワナ	180
124	ギニアビサウ	180
125	インド	180
126	ラオス	180
127	モザンビーク	180
128	パレスチナ	180
129	スロバキア	180
130	ミャンマー	177
131	マリ	177
132	モーリタニア	177
133	トルコ	177
134	アルジェリア	173
135	赤道ギニア	173
136	ルーマニア	173
137	ボスニア・ヘルツェゴビナ	170
138	カメルーン	170
139	エストニア	170
140	ギニア	170

	国	スコア
141	ヨルダン	170
142	シリア	170
143	シエラレオネ	167
144	アゼルバイジャン	163
145	中央アフリカ	163
146	マケドニア	163
147	トーゴ	163
148	ザンビア	163
149	アンゴラ	160
150	ジブチ	160
151	エジプト	160
152	ブルキナファソ	157
153	エチオピア	157
154	ラトビア	157
155	リトアニア	157
156	ウガンダ	157
157	アルバニア	153
158	マラウイ	153
159	チャド	150
160	コートジボワール	150
161	ニジェール	150
162	エリトリア	147
163	ルワンダ	147
164	ブルガリア	143
165	レソト	143
166	パキスタン	143
167	ロシア	143
168	スワジランド	140
169	グルジア	137
170	ベラルーシ	133
171	トルクメニスタン	133
172	アルメニア	123
173	スーダン	120
174	ウクライナ	120
175	モルドバ	117

	国	スコア
176	コンゴ民主共和国	110
177	ジンバブエ	110
178	ブルンジ	100

幸せ、やや幸せ、あまり幸せではない、全く幸せではない、のうちどれが当てはまりますか？）

なお、アンケート調査の詳しい内容・方法は非公開となっている。

（3つのカテゴリーと調査結果の特徴）

調査結果を踏まえて、ホワイト教授はWMHのカテゴリーについて、国（国民）の幸福度は、健康のレベル（0.62の相関）が最も密接に関連付けられ、続いて所得（0.52）、教育の提供（0.51）の順に関連し、これら3つの予測変数は相互関連性が高いとの分析である。また、資本主義は人々を不幸にするという考えもあるが、自己の生活に満足しているかどうかという質問に対して、良い医療、高いGDP、教育への高いアクセス権を持つ国の人々の方が、幸せであるとの回答が顕著に多くなっている。

さらに、アジアの国々に多く見られる低い得点は、強い集団主義的国民性が起因しているとの分析である。また、人口の多い国々に幸福度が低い傾向が見られることから、人口の多さや集団主義は、幸福度とは密接に関連付けられないとの解釈である。

（ランキングの特徴：表3-8参照）

表3-8は「幸福度」の高い順に記載されている。178カ国の中で、デンマークが1位（273点）、ブルンジが178位（100点）のスコアである。健康に関連する指標は幸福度の最大の要素と考えられており、デンマークやスイス（2位）のような裕福な国とアフリカ各国のような貧しい国をランキングで比較すると、例えば、177位のジンバブエは貧困率が80％、平均寿命が42歳であることなどから、健康が幸福の最大の代理変数になるとの分析を行っている。

主要国では、アメリカが23位（247点）、ドイツが35位（240点）、イギリスが41位（237点）、フランスが62位（220点）、中国が82位（210点）、日本が90位（207点）、インドが125位（180点）、ロシアが167位（143点）の順位である。

日本は、アジアの中でブータン（8位）、ブルネイ（9位）、マレーシア（17位）、シンガポール（53位）、香港（63位）、インドネシア（64位）、台湾（68位）、東ティモール（69位）、タイ（76位）、フィリピン（78位）、中国（82位）に次いで12番目（90位）である。上位20位では、欧州の国々が半数を占めている。WVSのランキングと同様に旧ソ連の国々に加えて、アフリカの国々が下位の多くを占めていることが特徴である。

コラム　いずれの調査結果もデンマークが世界で「幸福度」ランキングは1位である

　本コラムでは、デンマークの「幸福度」がなぜ世界一高いか、主にWVS、WMHによる主観的幸福度に関する調査結果を踏まえ、デンマークに関連する情報や客観的な統計データと対比することで、その背景・要因などを探ることとする。

　WVS、WMHでは、デンマーク人の主観的な幸福や満足度を把握する方法として、主にアンケート調査を実施しているが、WVSでは、生活全体の満足度が10段階で唯一8点を超えており、仕事・家庭・家計に関する指標についても最上位（上位10まで）のランクに該当する。また、幸福感、健康状態も同じ傾向にある。WMHでは、健康、所得、教育の3つのカテゴリーに関する指標が「幸福度」の評価において重要視されるが、これと合わせて多くの研究データを踏まえた総合的な分析結果から、デンマークを最も高く評価している。

　これらの調査結果との対比から、デンマークに関する主な情報や客観的な統計データを整理すると次のような特徴（傾向）が見られる。

　地理的には、北大西洋海流の影響で気候は穏やかで、温暖な冬と涼しい夏があり、首都コペンハーゲンは北欧屈指の世界都市である。国土の広さは多くの島々からなり全体で九州と同じぐらいで人口は約550万人（北海道とほぼ同じ）である。

このようなデンマークであるが、前史（今から約150年前）には逆境を乗り越えた歴史がある。当時のドイツ（プロイセン王国）との戦争で敗れ、肥沃な国土の半分を奪われ、半砂漠のユトランド半島しか残らず経済は危機的状況に瀕した。この国難を迎え、デンマーク国民は、荒野ユトランドを緑化し（親子2代で防砂林を植え続けた人もいた）、敗戦約40年後（20世紀初頭）には、畜産を主産業にすることに成功した。内村鑑三は、『デンマルク国の話』（岩波文庫）の中で、このような不利な条件を乗り越え、国家を立て直し、国民を豊かにするその発想や政策が生まれる土壌（国民の精神）とともに、そのような大事業が後の世に受け継がれることに関心を向け、また高く評価している。

　今日のデンマークは、経済的には、高級なオーディオメーカー、知育玩具、陶磁器、シューズメーカーなどが有名で、海運大国、農業輸出国（食料自給率300％）、石油自給率（100％）、風力発電が電力供給の2割を占める。社会的には、デンマーク人による単一民族国家であり、国民の教育水準が高く、高齢福祉や児童福祉も充実し、国民の所得格差が世界で最も小さい。

　主な統計データからは、国連の人間開発指数の1つである「教育指数」が世界1位、国連開発計画の「男女平等度指数」（女性の労働市場参加率などで評価）が世界2位、「民主主義指数」（政府の機能、政治参加、市民の自由などで評価、英エコノミスト誌系調査機関〈Economist Intelligence Unit〉発表）が世界3位、「インターネット普及率」（ITU、2008統計）が世界5位、2010年の一人あたり国民総所得も世界7位（40,230ドル、WHO、2012統計、日本は34,640ドル）、そして「国際競争力指数」（世界経済フォーラム2012発表）が世界8位である。

　また、デンマークは世界一のエコロジー先進国である。1972年（第一次オイルショック時）には、エネルギー自給率は2％であったが、現在では風力、バイオマスを中心とした自然エネルギーを含め150％を超えている。出生率も1960年代半ばから1980年代半ばまで減り続けていたが、その後

回復傾向にあり、現在1.9人（WHO、2012統計）である。国家の不利な状況に対して、それを立て直していくデンマーク国民の精神（困難や課題への国の取り組みに共感し自らが考え・行動するところの自立自尊の精神）は、今日まで脈々と受け継がれていると考えられる。

さらに、累進課税の所得税、地方税合計課税税率は最高59％で、付加価値税は25％であるが、社会保障が充実していて国民の満足度は高く、選挙の投票率は80％以上に達する。英エコノミスト誌系調査機関が発表したビジネスがし易い環境ランキングでも、デンマークの経済環境が世界1位に選ばれている。

これらを総合的に見ると、WVS、WMHのいずれの調査結果でもデンマークが世界で「幸福度」ランキングの第1位となっていることが改めて理解できよう。

3 世界の幸福度指標、測定方法の特徴と我が国への示唆

① 国情、目的に応じた多様な指標と測定方法の特徴

国際機関・各国および大学・研究者などにおける幸福度指標の設定や測定方法は、それぞれのねらい（目的）に応じて様々な違いがある。国際機関（ここではOECD）および各国政府は、主に政策や施策の立案・支援などに役立てることが目的であり、大学・研究者などは、国際環境が激変する中で、主に世界の人々の価値意識変化を探る手がかりとして役立てることが目的である。

（指標設定と測定方法の特徴）

OECDのBLIは、先進国が加盟する組織であるため、指標設定においては、主に今後の先進国社会にとっての政策課題（社会進歩の方向）を

示唆し、改善の方向などを探るものが主要指標となっている。また、指標設定においては、それぞれ明確な定義（測定の考え方など）が示され、現状では最も精度の高い幸福度指標の設計であると考えられる。測定方法は、客観的な公式統計データから把握する指標が多数を占めるが、例えば、健康度や生活満足度など主観的な指標として直接把握する必要性が高いものは、それに応じた測定方法が採られていることも特徴である。

代表的な事例として紹介した、オーストラリア、韓国、ブータン、オランダ、イギリスなどの各国は、国情・目的に応じてそれぞれ特徴があるが、その概要（要点）はコラムで取り上げたとおりである。測定方法は、オーストラリアは、客観的な把握方法を採っているが、その他の国は一部または多くの指標を主観的方法で把握する試みが見られる。

大学・研究者などは、WVSに見られるように広範な分野に関する世界の人々の価値意識変化を把握する一環として、幸福度指標についても調査を行っている。また、一時点ではなく、国際環境の激変などによって主に世界の人々の価値意識がどのように変化しているかを、時代とともに継続して把握・研究することがねらいであるため、人々の基本的な価値（自由、平等、人権など）とともに、広範な分野（政治、宗教など）を対象に指標設定が行われていることが特徴である。

一方、WMHに見られるように心理学の研究アプローチの一環として、人々の幸福度（生活満足度）を対象に様々な研究データなどとも突き合わせながら、社会学や数学などの研究者とも協力し、学際的観点から必要な指標設定が行われていることが特徴である。

WVS、WMHは、世界の人々の価値意識変化の現状および改善状況や各国社会の今後の動向などを広く国際社会に周知・普及するとともに、調査研究の権威付けの必要性から、各国ごとに多くの調査データを収集し、それをもとに「世界国別幸福度ランキング」として公表しているものと考えられる。WVSは、次回6回目の公表に向けて各国で実査が進められており、対象国も97カ国から増加することが予想される。

② 今後の都道府県別幸福度ランキング研究への示唆

　世界の幸福度指標設定や測定方法などを踏まえ、今後の我が国（都道府県別幸福度ランキング研究）への示唆（留意点）と考えられる事項を整理する。

（指標設定における示唆）

　指標設定の面では、対象が国と地方自治体では異なる。また、世界各国を対象とする場合、国ごとの場合のそれぞれのケースでも指標設定が異なる。前者は、民族、宗教、政治制度、経済発展段階、文化・風土などがそれぞれ異なるため、そうした違いを前提とした人々の価値意識を測ることが想定されている。後者は、国情に応じて異なるが、大きくはオーストラリア、韓国などに見られる社会、経済、環境など多くの分野全般に関して、特に経済面の発展・充足に資する幸福度や満足感を測定する指標設定と、ブータンに見られる文化やコミュニティの活力など国家の安定を重視する観点から測定する指標設定、さらにはオランダ、イギリスなどに見られる経済面を超えて、より社会・生活面の発展・充足を重視する指標設定の概ね3つのタイプに分けられる。

　ただし、いずれの場合でも時代や政策などの大きな変化や取り組みに際して人々の価値意識がどのように変わるかを把握することが主眼であり、定期的に調査結果を蓄積・更新していることが重要である。

　地方自治体は、国に比べて地域で暮らす人々の日常生活全般での接点が多いため、そうした役割や特徴を踏まえた指標設定が求められる。また、今後の地方自治体を対象とする指標設定は、諸外国でのそれぞれの特徴も踏まえ、例えば、OECDにおけるコミュニティ分野の指標である支援ネットワークの質に見られる「親類や友人、またトラブルになった場合に助けてくれる隣人を持っている人数」などのように、国や自治体との接点だけでなく、自らがネットワークを保持することの必要性とともに、そうした自立心を介して幸福感を測る指標は、我が国の地域社会

の今後のあり方（方向性）として多くの示唆を提供している。このことは、都市部（都会）と地方部（田舎）との交流や接点などにもつながる意味合いがある。

（測定方法における示唆）

測定方法の面では、指標に応じて定量的な統計データによる把握方法と主観的な幸福度を把握する方法の2とおりに大別される。前者は、今回の都道府県別幸福度ランキング調査において採用した方法であるが、個人の考えや意識（主観）に直接関わるような指標、例えば、健康分野の運動・体力領域の平均歩数、スポーツの活動時間などの測定は、むしろ後者の方法で把握することがより望ましいと考えられる。

OECDでは、健康分野の指標である自己申告による健康度に見られるように、個人の主観に関わる指標は直接聞き取る方法を採用しており、オランダやイギリスでも、健康分野を含めて主観的な指標については、アンケートなどの調査方法が採用・検討されている。しかしながら、いずれの場合も、調査票の質問形式などはシンプルな内容が主流と考えられる。

これらの諸外国の動向なども踏まえ、今後は客観的な統計データと主観データの併用を視野に、より精度の高い都道府県別幸福度ランキングの総合化が必要と考えているが、2章で記述したランキングの解析方法の分析結果なども含めて、さらなる研究・検討を行う予定である。

参考資料

Happiness

50指標の全ランキングと
出典一覧

1.1 健康－医療・福祉

①生活習慣病受療者数

順位	都道府県	生活習慣病受療者数（人）
1	埼玉県	601
2	神奈川県	626
3	千葉県	635
4	茨城県	644
5	宮城県	672
6	沖縄県	675
7	東京都	681
8	長野県	708
8	静岡県	708
10	群馬県	709
11	滋賀県	720
12	栃木県	727
13	三重県	738
14	愛知県	743
15	岐阜県	755
16	奈良県	757
17	大阪府	764
18	兵庫県	793
19	京都府	814
20	岡山県	819
21	福島県	824
22	山梨県	832
23	山形県	850
24	福井県	852
25	岩手県	871
26	鳥取県	881
27	新潟県	882
28	青森県	907
29	熊本県	945
30	富山県	954
31	広島県	962
32	石川県	969
33	福岡県	975
34	北海道	983
35	和歌山県	988
36	佐賀県	1,004
37	秋田県	1,005
38	香川県	1,005
39	山口県	1,016
40	鹿児島県	1,044
41	愛媛県	1,047
42	長崎県	1,048
43	宮崎県	1,053
44	大分県	1,063
45	島根県	1,072
46	徳島県	1,161
47	高知県	1,311

（注）人口10万人あたり

②気分［感情］障害（うつ等）受療者数

順位	都道府県	気分［感情］障害（うつ等）受療者数（人）
1	神奈川県	56
2	静岡県	57
2	大阪府	57
4	栃木県	62
4	岡山県	62
6	滋賀県	64
7	富山県	66
8	青森県	67
9	和歌山県	68
10	千葉県	70
10	山梨県	70
12	埼玉県	71
13	岐阜県	72
13	沖縄県	72
15	香川県	73
16	茨城県	77
16	奈良県	77
18	福井県	79
18	愛知県	79
20	宮城県	81
20	兵庫県	81
22	長野県	87
22	愛媛県	87
24	福島県	91
24	大分県	91
26	三重県	92
26	鹿児島県	92
28	東京都	93
29	徳島県	95
30	広島県	96
31	佐賀県	97
31	山口県	97
33	長崎県	98
34	京都府	101
35	秋田県	102
35	新潟県	102
37	福岡県	103
38	岩手県	106
39	群馬県	107
39	宮崎県	107
41	山形県	109
42	石川県	111
42	高知県	111
44	熊本県	123
45	島根県	132
46	北海道	145
46	鳥取県	145

（注）人口10万人あたり

（備考）以降のすべての表において、表示桁数以下で差がついている場合は、異なる順位としている。

③産科・産婦人科医師数

順位	都道府県	産科・産婦人科医師数（人）
1	徳島県	55.1
2	鳥取県	52.1
3	島根県	50.0
4	長崎県	49.3
5	宮崎県	48.0
6	栃木県	46.0
6	福井県	46.0
8	秋田県	45.6
9	沖縄県	45.5
10	和歌山県	45.3
11	東京都	45.2
12	富山県	44.9
13	香川県	44.5
14	京都府	43.6
15	山口県	43.4
16	石川県	42.8
17	岡山県	42.4
18	愛媛県	42.0
19	山形県	41.5
20	山梨県	41.3
21	熊本県	41.2
22	群馬県	40.6
22	鹿児島県	40.6
24	大阪府	39.6
24	広島県	39.6
26	佐賀県	39.4
27	長野県	39.2
28	福岡県	38.8
29	大分県	38.7
30	宮城県	37.2
30	三重県	37.2
32	岩手県	36.9
33	兵庫県	36.7
33	高知県	36.7
35	岐阜県	36.3
36	愛知県	35.4
37	新潟県	34.5
38	静岡県	34.5
39	福島県	33.7
40	神奈川県	33.3
41	青森県	32.9
42	茨城県	32.1
43	北海道	31.0
44	千葉県	30.4
45	滋賀県	29.0
46	埼玉県	28.1
47	奈良県	26.4

（注）15～49歳女子人口10万人あたり

④ホームヘルパー数

順位	都道府県	ホームヘルパー数（人）
1	和歌山県	10.6
2	大阪府	9.1
3	青森県	8.6
4	大分県	7.7
5	徳島県	7.6
6	愛媛県	7.1
7	兵庫県	6.7
8	福岡県	6.4
9	熊本県	6.2
10	奈良県	6.2
11	長崎県	5.9
12	広島県	5.9
13	北海道	5.8
14	東京都	5.7
15	宮崎県	5.7
16	福島県	5.6
17	京都府	5.6
18	宮城県	5.6
19	高知県	5.6
20	秋田県	5.4
21	千葉県	5.2
22	島根県	5.1
23	岩手県	5.1
24	長野県	5.1
25	三重県	5.1
26	神奈川県	5.0
27	愛知県	4.8
28	香川県	4.7
29	滋賀県	4.7
30	山形県	4.7
31	山口県	4.7
32	沖縄県	4.6
33	群馬県	4.6
34	鳥取県	4.6
35	鹿児島県	4.5
36	新潟県	4.3
37	岡山県	4.1
38	山梨県	4.0
39	埼玉県	4.0
40	佐賀県	3.7
41	岐阜県	3.7
42	福井県	3.6
43	栃木県	3.6
44	石川県	3.6
45	富山県	3.5
46	茨城県	3.5
47	静岡県	3.4

（注）65歳以上人口千人あたり

1.1 健康－医療・福祉

⑤高齢者ボランティア活動者比率

順位	都道府県	高齢者ボランティア活動者比率（％）
1	滋賀県	36.2
2	岐阜県	32.1
3	鳥取県	31.3
4	佐賀県	30.8
5	石川県	30.7
6	岡山県	30.6
7	広島県	30.5
8	山口県	30.3
9	福井県	30.1
10	富山県	29.9
11	島根県	29.4
12	大分県	29.2
13	長野県	28.9
14	群馬県	28.7
15	奈良県	28.6
16	熊本県	28.2
17	愛媛県	28.1
18	山梨県	28.0
19	鹿児島県	27.6
19	静岡県	27.6
19	福島県	27.6
22	兵庫県	27.5
23	山形県	27.2
24	埼玉県	27.1
25	宮城県	26.8
26	京都府	26.7
27	岩手県	26.6
28	宮崎県	26.5
29	福岡県	26.4
30	香川県	25.6
30	神奈川県	25.6
32	長崎県	25.2
32	新潟県	25.2
34	徳島県	24.6
35	三重県	24.5
35	茨城県	24.5
37	北海道	24.4
38	栃木県	24.2
39	高知県	24.1
40	千葉県	23.8
41	和歌山県	23.0
42	愛知県	22.9
43	東京都	22.6
44	秋田県	21.4
45	青森県	20.4
46	大阪府	19.6
47	沖縄県	15.9

1.2 健康－運動・体力

①健康寿命

順位	都道府県	健康寿命（歳）
1	静岡県	73.5
2	愛知県	73.3
3	群馬県	73.2
4	茨城県	73.0
5	宮崎県	72.8
6	山梨県	72.8
6	沖縄県	72.8
8	鹿児島県	72.8
9	石川県	72.8
10	福井県	72.8
11	栃木県	72.6
12	神奈川県	72.6
13	長野県	72.6
14	千葉県	72.6
15	島根県	72.5
16	岐阜県	72.5
17	富山県	72.5
18	山形県	72.3
19	秋田県	72.2
20	熊本県	72.2
21	三重県	72.2
22	山口県	72.1
22	宮城県	72.1
24	福島県	72.0
25	佐賀県	72.0
26	京都府	72.0
27	和歌山県	71.9
28	埼玉県	71.9
29	新潟県	71.8
30	愛媛県	71.8
31	奈良県	71.7
32	鳥取県	71.6
33	北海道	71.6
34	岡山県	71.6
35	滋賀県	71.5
35	兵庫県	71.5
37	大分県	71.5
38	東京都	71.4
39	広島県	71.4
40	岩手県	71.3
41	徳島県	71.3
42	香川県	71.3
43	福岡県	71.2
44	青森県	71.1
45	高知県	71.1
46	長崎県	71.1
47	大阪府	71.0

②平均歩数

順位	都道府県	平均歩数(歩)
1	兵庫県	7,514
2	東京都	7,408
3	神奈川県	7,392
4	奈良県	7,238
5	千葉県	7,092
6	埼玉県	7,021
7	静岡県	7,015
8	大阪府	6,962
9	滋賀県	6,939
10	福島県	6,901
11	京都府	6,888
12	岩手県	6,884
13	三重県	6,840
14	愛知県	6,834
15	岡山県	6,821
16	宮崎県	6,810
16	広島県	6,810
18	長野県	6,809
19	岐阜県	6,671
20	愛媛県	6,640
21	石川県	6,634
22	福井県	6,567
23	茨城県	6,553
24	大分県	6,540
25	徳島県	6,520
26	沖縄県	6,519
27	富山県	6,510
28	熊本県	6,432
29	福岡県	6,418
30	山口県	6,395
31	北海道	6,392
32	群馬県	6,386
33	島根県	6,338
34	鹿児島県	6,281
35	長崎県	6,260
36	高知県	6,250
37	香川県	6,243
38	栃木県	6,222
39	宮城県	6,135
40	佐賀県	6,073
41	山形県	6,054
42	和歌山県	5,947
43	山梨県	5,937
44	新潟県	5,818
45	青森県	5,817
46	秋田県	5,703
47	鳥取県	5,460

(注) 1日あたり

③基本健康診査受診率

順位	都道府県	基本健康診査受診率（％）
1	宮城県	25.5
2	富山県	16.7
3	石川県	16.2
4	三重県	14.1
5	岩手県	13.7
6	東京都	13.6
7	香川県	13.2
8	群馬県	13.0
9	京都府	11.7
10	千葉県	10.9
11	長野県	10.8
12	福島県	10.1
13	鳥取県	10.0
14	島根県	9.1
15	新潟県	8.7
16	岐阜県	8.4
17	滋賀県	8.2
18	沖縄県	5.7
19	長崎県	5.3
20	佐賀県	5.3
21	静岡県	5.1
22	神奈川県	5.1
23	岡山県	4.9
24	山形県	4.8
25	愛媛県	4.5
26	青森県	4.5
27	奈良県	4.3
28	茨城県	4.1
29	和歌山県	3.9
30	鹿児島県	3.9
31	宮崎県	3.7
32	熊本県	3.6
33	埼玉県	3.6
34	秋田県	3.6
35	福井県	3.3
36	徳島県	3.2
37	山口県	2.9
38	福岡県	2.8
39	大分県	2.3
40	山梨県	2.3
41	愛知県	2.2
42	広島県	2.2
43	北海道	2.1
44	兵庫県	1.8
45	栃木県	1.8
46	大阪府	1.7
47	高知県	1.3

1.2 健康－運動・体力

④体育・スポーツ施設数

順位	都道府県	体育・スポーツ施設数（件）
1	長野県	130.8
2	鳥取県	104.2
3	秋田県	98.5
4	山梨県	98.4
5	島根県	98.3
6	北海道	92.7
7	福島県	91.0
8	新潟県	87.2
9	石川県	84.0
10	栃木県	83.3
11	群馬県	80.3
12	岩手県	78.8
13	佐賀県	77.2
14	宮崎県	76.2
15	富山県	71.4
16	岐阜県	70.8
17	青森県	70.0
18	鹿児島県	69.4
19	徳島県	69.3
20	山口県	68.2
21	山形県	66.4
22	香川県	66.0
23	長崎県	66.0
24	福井県	65.5
25	大分県	64.8
26	和歌山県	64.4
27	熊本県	63.1
28	滋賀県	60.8
29	岡山県	59.5
30	高知県	59.0
31	茨城県	58.6
32	静岡県	54.7
33	愛媛県	49.3
34	三重県	48.8
35	宮城県	47.8
36	広島県	47.6
37	奈良県	44.2
38	千葉県	41.9
39	沖縄県	41.8
40	福岡県	40.3
41	埼玉県	38.0
42	京都府	37.3
43	兵庫県	34.1
44	愛知県	33.1
45	神奈川県	29.0
46	東京都	25.1
47	大阪府	18.6

（注）人口10万人あたり

⑤スポーツの活動時間

順位	都道府県	スポーツの活動時間（分）
1	宮崎県	19
1	沖縄県	19
3	鹿児島県	18
3	熊本県	18
3	滋賀県	18
6	佐賀県	17
6	徳島県	17
6	茨城県	17
6	静岡県	17
10	長野県	16
10	山梨県	16
10	石川県	16
10	群馬県	16
10	長崎県	16
10	大分県	16
10	三重県	16
10	大阪府	16
18	香川県	15
18	岡山県	15
18	愛媛県	15
18	奈良県	15
18	千葉県	15
18	埼玉県	15
18	京都府	15
18	兵庫県	15
18	神奈川県	15
27	島根県	14
27	栃木県	14
27	富山県	14
27	岐阜県	14
27	山口県	14
27	福井県	14
27	和歌山県	14
27	高知県	14
27	広島県	14
27	福岡県	14
27	東京都	14
38	鳥取県	13
38	秋田県	13
38	北海道	13
38	宮城県	13
38	愛知県	13
43	福島県	12
43	新潟県	12
43	岩手県	12
43	山形県	12
47	青森県	11

（注）1日あたり「スポーツ」の総平均時間

2.1 文化－余暇・娯楽

①教養・娯楽（サービス）支出額

順位	都道府県	教養・娯楽（サービス）支出額（円）
1	神奈川県	435,349
2	福島県	430,596
3	埼玉県	419,859
4	東京都	396,190
5	三重県	380,725
6	長野県	379,745
7	奈良県	362,922
8	栃木県	358,927
9	福岡県	355,687
10	静岡県	353,621
11	高知県	351,887
12	広島県	346,643
13	京都府	343,791
14	兵庫県	341,614
15	富山県	337,244
16	鹿児島県	336,357
17	滋賀県	333,032
18	愛知県	332,496
19	香川県	330,818
20	和歌山県	330,304
21	石川県	324,523
22	千葉県	324,196
23	群馬県	322,045
24	山梨県	318,871
25	宮崎県	316,341
26	岡山県	316,299
27	岐阜県	307,445
28	北海道	304,996
29	大分県	299,300
30	岩手県	297,489
31	福井県	293,651
32	大阪府	293,428
33	徳島県	291,035
34	熊本県	290,652
35	茨城県	288,278
36	秋田県	284,349
37	山口県	284,185
38	鳥取県	282,092
39	愛媛県	281,753
40	山形県	269,669
41	新潟県	268,628
42	青森県	244,858
43	宮城県	244,669
44	長崎県	237,722
45	佐賀県	235,481
46	島根県	235,295
47	沖縄県	181,779

（注）都道府県庁所在市の1世帯・1年間あたり

②余暇時間

順位	都道府県	余暇時間（分）
1	鹿児島県	96
1	新潟県	96
3	岩手県	94
3	愛媛県	94
5	島根県	93
6	秋田県	92
7	栃木県	91
8	岐阜県	90
8	北海道	90
8	山形県	90
8	青森県	90
8	宮城県	90
13	鳥取県	89
14	福島県	88
14	高知県	88
14	兵庫県	88
14	山梨県	88
14	佐賀県	88
19	長野県	87
19	富山県	87
19	和歌山県	87
19	岡山県	87
19	大阪府	87
19	長崎県	87
25	滋賀県	86
25	千葉県	86
25	宮崎県	86
25	茨城県	86
29	群馬県	85
29	山口県	85
31	奈良県	84
31	静岡県	84
31	香川県	84
34	京都府	83
34	熊本県	83
36	神奈川県	82
36	埼玉県	82
36	三重県	82
36	福岡県	82
40	愛知県	81
40	大分県	81
40	沖縄県	81
43	広島県	80
43	石川県	80
43	徳島県	80
46	東京都	79
47	福井県	76

（注）1日あたり「休養・くつろぎ」の総平均時間

2.1 文化ー余暇・娯楽

③常設映画館数

順位	都道府県	常設映画館数 (件)
1	福岡県	36.9
2	熊本県	31.4
3	広島県	24.8
4	東京都	23.3
5	鳥取県	22.1
6	福井県	19.8
7	長崎県	19.6
8	宮崎県	18.5
9	三重県	17.3
10	香川県	17.1
11	大分県	16.7
12	長野県	15.8
13	岩手県	15.8
14	兵庫県	15.0
15	青森県	13.8
16	山口県	13.8
17	高知県	13.1
18	秋田県	12.9
19	山形県	12.8
20	茨城県	12.8
21	静岡県	12.7
22	北海道	12.2
23	群馬県	12.0
24	滋賀県	11.3
25	福島県	11.3
26	愛媛県	11.2
27	和歌山県	11.0
28	沖縄県	10.8
29	栃木県	9.5
30	愛知県	8.9
31	鹿児島県	8.8
32	山梨県	8.1
33	京都府	7.6
34	大阪府	7.4
35	富山県	7.3
36	千葉県	7.2
37	岐阜県	7.2
38	石川県	6.8
39	新潟県	6.7
40	神奈川県	6.2
41	佐賀県	5.9
42	島根県	5.6
43	徳島県	5.1
44	埼玉県	4.7
45	岡山県	4.6
46	宮城県	3.8
47	奈良県	3.6

(注) 人口100万人あたり

④書籍購入額

順位	都道府県	書籍購入額 (円)
1	山口県	21,913
2	岡山県	14,791
3	神奈川県	14,525
4	東京都	14,045
5	兵庫県	12,679
6	愛知県	12,079
7	千葉県	11,816
8	香川県	11,781
9	京都府	10,468
10	長野県	10,332
11	石川県	9,879
12	静岡県	9,576
13	徳島県	9,573
14	広島県	9,520
15	山形県	9,332
16	高知県	9,322
17	福岡県	9,292
18	群馬県	9,156
19	大分県	8,924
20	秋田県	8,836
21	鹿児島県	8,626
22	島根県	8,565
23	愛媛県	8,488
24	岩手県	8,383
25	富山県	8,345
26	鳥取県	8,257
27	大阪府	8,252
28	栃木県	7,836
29	奈良県	7,807
30	青森県	7,732
31	宮城県	7,717
32	埼玉県	7,682
33	新潟県	7,675
34	岐阜県	7,591
35	佐賀県	7,210
36	山梨県	7,184
37	宮崎県	7,104
38	三重県	6,993
39	北海道	6,833
40	福島県	6,557
41	滋賀県	6,394
42	長崎県	6,206
43	茨城県	6,204
44	福井県	6,083
45	沖縄県	6,004
46	熊本県	5,332
47	和歌山県	5,323

(注) 都道府県庁所在市の1世帯・1年間あたり

2.2 文化－国際

⑤「学術、文化、芸術又はスポーツの振興を図る活動」を行うNPO認証数

順位	都道府県	「学術、文化、芸術又はスポーツの振興を図る活動」を行うNPO認証数(件)
1	北海道	12.1
2	岩手県	6.8
3	滋賀県	4.9
4	和歌山県	4.8
5	高知県	4.2
6	山梨県	4.2
7	福島県	4.1
8	群馬県	4.0
9	岐阜県	4.0
10	宮崎県	3.6
11	三重県	3.6
12	山形県	3.5
13	島根県	3.3
14	大分県	3.3
15	東京都	3.3
16	宮城県	3.2
17	岡山県	3.1
18	秋田県	3.1
19	静岡県	2.9
20	新潟県	2.9
21	鳥取県	2.7
22	鹿児島県	2.7
23	京都府	2.5
24	奈良県	2.4
25	広島県	2.2
26	香川県	2.2
27	福井県	2.1
28	佐賀県	2.0
29	徳島県	1.9
30	長野県	1.8
31	熊本県	1.8
32	埼玉県	1.6
33	千葉県	1.6
34	長崎県	1.4
35	山口県	1.4
36	大阪府	1.3
37	兵庫県	1.3
38	沖縄県	1.3
39	栃木県	1.2
40	愛知県	1.1
41	福岡県	1.1
42	愛媛県	1.0
43	石川県	1.0
44	富山県	0.9
45	茨城県	0.8
46	神奈川県	0.8
47	青森県	0.6

(注) 人口10万人あたり

①外国人宿泊者数

順位	都道府県	外国人宿泊者数(人)
1	山梨県	266.2
2	大分県	250.1
3	沖縄県	216.6
4	北海道	212.4
5	京都府	205.7
6	東京都	204.6
7	千葉県	191.9
8	大阪府	169.5
9	長崎県	148.4
10	熊本県	94.9
11	福岡県	84.5
12	石川県	81.8
13	長野県	69.7
14	静岡県	63.5
15	愛知県	61.0
16	和歌山県	57.3
17	岐阜県	51.9
18	神奈川県	42.7
19	滋賀県	41.0
20	鹿児島県	38.3
21	広島県	36.9
22	富山県	36.4
23	鳥取県	34.9
24	兵庫県	34.6
25	佐賀県	32.5
26	香川県	28.3
27	三重県	28.0
28	栃木県	27.5
29	宮崎県	23.4
30	新潟県	21.0
31	福井県	21.0
32	愛媛県	20.4
33	岡山県	20.0
34	山形県	19.4
35	岩手県	17.8
36	群馬県	17.0
37	徳島県	16.9
38	高知県	16.8
39	秋田県	16.8
40	山口県	16.5
41	青森県	16.3
42	奈良県	16.3
43	宮城県	13.9
44	茨城県	13.6
45	島根県	12.2
46	福島県	9.5
47	埼玉県	3.9

(注) 人口千人あたり

2.2 文化-国際

②姉妹都市提携数

順位	都道府県	姉妹都市提携数(件)
1	北海道	116
2	兵庫県	74
3	大阪府	70
4	東京都	64
5	愛知県	56
6	神奈川県	52
6	埼玉県	52
8	長野県	51
9	静岡県	49
9	千葉県	49
11	新潟県	42
12	京都府	41
13	宮城県	39
13	岡山県	39
15	滋賀県	38
16	群馬県	36
17	岐阜県	34
17	山形県	34
19	山梨県	33
19	茨城県	33
21	福岡県	32
22	福島県	31
23	青森県	29
24	和歌山県	28
24	大分県	28
24	長崎県	28
24	石川県	28
24	山口県	28
29	岩手県	27
30	広島県	26
30	富山県	26
32	栃木県	25
33	島根県	23
33	秋田県	23
33	鹿児島県	23
33	熊本県	23
37	鳥取県	20
37	香川県	20
37	福井県	20
40	三重県	19
40	沖縄県	19
42	佐賀県	19
43	奈良県	17
44	高知県	15
44	徳島県	15
46	宮崎県	14
47	愛媛県	12

③語学教室にかける金額

順位	都道府県	語学教室にかける金額（円）
1	長崎県	20,270
2	埼玉県	4,573
3	高知県	4,566
4	奈良県	4,543
5	栃木県	3,902
6	神奈川県	3,612
7	山形県	3,472
8	大分県	3,330
9	群馬県	3,133
10	富山県	3,129
11	兵庫県	2,982
12	東京都	2,936
13	滋賀県	2,835
14	宮崎県	2,811
15	長野県	2,762
16	山梨県	2,744
17	愛知県	2,630
18	岐阜県	2,583
19	茨城県	2,472
20	千葉県	2,454
21	鹿児島県	2,355
22	秋田県	2,309
23	福島県	2,294
24	香川県	2,290
25	石川県	2,193
26	和歌山県	2,162
27	鳥取県	2,085
28	沖縄県	2,043
29	京都府	2,015
30	静岡県	2,014
31	福岡県	1,964
32	大阪府	1,844
33	福井県	1,790
34	青森県	1,772
35	愛媛県	1,533
36	岩手県	1,327
37	北海道	1,304
38	広島県	1,304
39	島根県	1,294
40	徳島県	1,269
41	熊本県	1,135
42	三重県	989
43	宮城県	756
44	岡山県	708
45	新潟県	682
46	佐賀県	657
47	山口県	531

（注）都道府県庁所在市の1世帯・1年間あたり

④海外渡航者率

順位	都道府県	海外渡航者率(%)
1	東京都	25.3
2	神奈川県	20.3
3	千葉県	16.6
4	兵庫県	15.3
5	愛知県	15.3
6	奈良県	15.2
7	大阪府	15.1
8	京都府	14.6
9	埼玉県	13.7
10	滋賀県	13.6
11	福岡県	11.7
12	岐阜県	11.4
13	静岡県	11.0
14	三重県	10.9
15	茨城県	9.8
16	山梨県	9.5
17	広島県	9.2
18	栃木県	8.8
19	和歌山県	8.4
20	群馬県	8.3
21	岡山県	8.1
22	長野県	8.1
23	石川県	8.1
24	福井県	7.8
25	富山県	7.4
26	香川県	7.3
27	山口県	7.3
28	佐賀県	7.1
29	熊本県	7.0
30	徳島県	6.7
31	鳥取県	6.4
32	大分県	6.4
33	愛媛県	6.2
34	沖縄県	6.1
35	長崎県	5.9
36	新潟県	5.7
37	北海道	5.5
38	宮城県	5.0
39	高知県	4.7
40	島根県	4.5
41	宮崎県	4.4
42	福島県	4.3
43	鹿児島県	4.3
44	山形県	4.1
45	秋田県	3.4
46	岩手県	2.9
47	青森県	2.8

⑤留学生数

順位	都道府県	留学生数(人)
1	東京都	328.2
2	大分県	323.6
3	京都府	236.9
4	福岡県	209.7
5	石川県	142.7
6	岡山県	129.4
7	大阪府	116.5
8	山口県	107.9
9	長崎県	106.4
10	奈良県	106.4
11	山梨県	102.0
12	広島県	92.5
13	茨城県	91.3
14	愛知県	90.5
15	兵庫県	88.7
16	宮城県	85.9
17	埼玉県	83.6
18	群馬県	78.2
19	千葉県	78.0
20	新潟県	67.1
21	岐阜県	65.0
22	三重県	55.3
23	栃木県	53.4
24	富山県	52.2
25	神奈川県	51.7
26	鹿児島県	51.6
27	北海道	49.7
28	静岡県	44.6
29	徳島県	44.6
30	沖縄県	44.3
31	佐賀県	40.1
32	福井県	38.3
33	香川県	38.0
34	熊本県	36.7
35	愛媛県	35.4
36	滋賀県	33.3
37	島根県	32.1
38	長野県	31.6
39	鳥取県	31.1
40	青森県	30.1
41	和歌山県	29.1
42	岩手県	28.2
43	秋田県	26.9
44	高知県	24.0
45	福島県	21.7
46	山形県	17.7
47	宮崎県	14.7

(注）人口10万人あたり

3.1 仕事－雇用

①若者完全失業率

順位	都道府県	若者完全失業率(%)
1	島根県	5.9
2	愛知県	6.2
3	三重県	6.4
4	富山県	6.7
5	滋賀県	6.7
6	石川県	6.8
7	東京都	6.8
8	福井県	6.8
9	広島県	7.0
10	神奈川県	7.1
11	静岡県	7.2
12	岐阜県	7.3
13	長野県	7.6
14	山口県	7.7
15	新潟県	7.8
16	千葉県	7.9
17	山形県	8.0
18	京都府	8.0
19	鳥取県	8.1
20	埼玉県	8.2
21	佐賀県	8.2
22	香川県	8.3
23	兵庫県	8.4
24	栃木県	8.5
25	群馬県	8.6
26	山梨県	8.6
27	長崎県	8.8
28	鹿児島県	8.9
29	宮崎県	9.0
30	茨城県	9.0
31	大分県	9.2
32	愛媛県	9.3
33	熊本県	9.3
34	岩手県	9.4
35	北海道	9.6
36	秋田県	9.6
37	岡山県	9.7
38	和歌山県	9.8
39	大阪府	9.8
40	福島県	10.0
41	福岡県	10.1
42	徳島県	10.2
43	奈良県	10.4
44	宮城県	10.4
45	高知県	10.5
46	青森県	12.4
47	沖縄県	14.0

②正規雇用者比率

順位	都道府県	正規雇用者比率(%)
1	山形県	70.8
2	富山県	70.6
3	福井県	70.5
4	徳島県	69.9
5	新潟県	69.8
6	島根県	68.9
7	香川県	68.8
8	福島県	68.7
9	石川県	68.5
10	秋田県	68.3
11	大分県	68.2
12	鳥取県	68.2
13	岡山県	67.9
14	佐賀県	67.7
15	愛媛県	67.5
16	高知県	67.4
17	山口県	67.4
18	青森県	67.3
19	岩手県	67.3
20	長崎県	67.1
21	広島県	66.7
22	宮崎県	66.6
23	熊本県	66.5
24	宮城県	66.3
25	東京都	66.2
26	栃木県	66.2
27	茨城県	66.2
28	静岡県	65.9
29	長野県	65.8
30	鹿児島県	65.7
31	神奈川県	65.7
32	愛知県	65.7
33	奈良県	65.4
34	三重県	65.4
35	千葉県	65.4
36	岐阜県	65.0
37	群馬県	64.9
38	福岡県	64.9
39	和歌山県	64.8
40	山梨県	64.8
41	埼玉県	64.5
42	滋賀県	64.5
43	兵庫県	64.3
44	大阪府	63.4
45	北海道	62.8
46	京都府	62.2
47	沖縄県	61.0

③高齢者有業率

順位	都道府県	高齢者有業率（%）
1	長野県	26.7
2	山梨県	24.9
3	東京都	23.9
4	愛知県	23.3
5	鳥取県	23.0
6	静岡県	23.0
7	京都府	22.5
8	島根県	22.2
9	埼玉県	22.0
10	福井県	21.9
11	栃木県	21.5
12	岐阜県	21.5
13	岩手県	21.3
14	群馬県	21.0
15	石川県	20.8
16	広島県	20.6
17	佐賀県	20.5
18	千葉県	20.5
19	富山県	20.4
20	三重県	20.4
21	香川県	20.4
22	茨城県	20.3
23	和歌山県	20.2
24	滋賀県	20.2
25	高知県	20.2
26	神奈川県	19.9
27	青森県	19.8
28	山口県	19.7
29	新潟県	19.6
30	岡山県	19.6
31	宮崎県	19.6
32	山形県	19.6
33	福島県	19.4
34	熊本県	19.1
35	鹿児島県	18.8
36	大阪府	18.7
37	愛媛県	18.7
38	徳島県	18.6
39	大分県	18.4
40	兵庫県	17.9
41	奈良県	17.8
42	秋田県	17.5
43	福岡県	17.1
44	長崎県	16.9
45	宮城県	16.5
46	北海道	16.3
47	沖縄県	15.2

④インターンシップ実施率

順位	都道府県	インターンシップ実施率（%）
1	富山県	95.9
2	鹿児島県	94.7
3	福井県	94.6
4	熊本県	92.0
5	新潟県	90.6
6	北海道	90.4
7	長野県	89.6
8	岐阜県	89.2
9	神奈川県	89.0
10	秋田県	88.9
11	山形県	87.7
12	宮崎県	87.0
13	沖縄県	86.6
14	石川県	86.3
15	山梨県	85.4
16	三重県	84.9
17	愛知県	82.6
18	大分県	82.5
19	広島県	81.7
20	兵庫県	80.6
21	福岡県	78.5
22	茨城県	77.3
23	京都府	76.3
24	和歌山県	75.5
25	福島県	74.0
26	山口県	72.7
27	千葉県	72.5
28	長崎県	71.0
29	愛媛県	69.6
30	青森県	69.2
31	岩手県	68.8
32	岡山県	66.7
32	奈良県	66.7
34	徳島県	65.9
35	鳥取県	65.4
35	滋賀県	65.4
37	大阪府	64.0
38	佐賀県	62.8
39	宮城県	61.4
40	高知県	60.4
41	東京都	60.2
42	埼玉県	59.7
43	静岡県	56.8
44	栃木県	53.5
45	香川県	52.3
46	島根県	51.2
47	群馬県	40.2

（注）公立高校における実施率

3.1 仕事－雇用

⑤大卒者進路未定者率

順位	都道府県	大卒者進路未定者率(%)
1	福井県	5.0
2	島根県	9.2
3	秋田県	9.4
4	佐賀県	9.8
5	鳥取県	10.4
6	長野県	11.2
7	富山県	11.5
8	岐阜県	11.6
9	宮崎県	12.0
10	和歌山県	12.7
11	三重県	13.3
12	新潟県	13.4
13	山口県	13.8
14	石川県	14.0
15	愛媛県	14.1
16	香川県	14.4
17	高知県	14.7
18	滋賀県	14.7
19	群馬県	14.8
20	青森県	15.4
21	山形県	16.1
22	茨城県	16.2
23	鹿児島県	16.4
24	岡山県	17.1
25	広島県	17.3
26	愛知県	17.5
27	栃木県	17.9
28	岩手県	18.3
29	静岡県	18.7
30	長崎県	19.3
31	熊本県	19.4
32	徳島県	19.7
33	福島県	20.7
34	山梨県	21.1
35	兵庫県	21.8
36	京都府	21.9
37	福岡県	23.0
38	北海道	23.7
39	宮城県	24.0
40	千葉県	24.0
41	大阪府	24.2
42	奈良県	24.2
43	神奈川県	24.5
44	東京都	24.9
45	埼玉県	25.1
46	大分県	26.2
47	沖縄県	38.5

3.2 仕事－企業

①障碍者雇用率

順位	都道府県	障碍者雇用率(%)
1	山口県	2.3
2	福井県	2.3
3	佐賀県	2.2
4	大分県	2.2
5	奈良県	2.1
5	長崎県	2.1
7	鹿児島県	2.1
8	宮崎県	2.0
9	熊本県	2.0
10	和歌山県	1.9
11	高知県	1.9
12	沖縄県	1.9
12	岩手県	1.9
12	岡山県	1.9
15	北海道	1.9
16	鳥取県	1.8
16	広島県	1.8
16	島根県	1.8
19	京都府	1.8
20	兵庫県	1.8
21	長野県	1.8
22	香川県	1.7
23	岐阜県	1.7
24	青森県	1.7
24	福岡県	1.7
26	滋賀県	1.7
26	愛媛県	1.7
28	静岡県	1.7
28	富山県	1.7
30	徳島県	1.7
30	大阪府	1.7
30	山梨県	1.7
33	東京都	1.6
33	愛知県	1.6
35	神奈川県	1.6
35	宮城県	1.6
35	群馬県	1.6
35	石川県	1.6
39	福島県	1.6
40	茨城県	1.6
40	千葉県	1.6
42	埼玉県	1.6
43	栃木県	1.6
43	山形県	1.6
43	秋田県	1.6
46	新潟県	1.6
47	三重県	1.5

②製造業労働生産性

順位	都道府県	製造業労働生産性 (千円)
1	山口県	20,114
2	徳島県	18,277
3	和歌山県	18,095
4	滋賀県	18,089
5	三重県	17,357
6	千葉県	17,068
7	大分県	15,856
8	神奈川県	15,191
9	兵庫県	14,684
10	茨城県	14,657
11	静岡県	14,626
12	群馬県	14,603
13	栃木県	14,538
14	愛媛県	14,518
15	愛知県	14,070
16	福岡県	14,046
17	岡山県	13,788
18	京都府	13,765
19	広島県	13,438
20	山梨県	13,156
21	長野県	12,548
22	長崎県	12,331
23	大阪府	12,100
24	青森県	12,023
25	埼玉県	11,806
26	福島県	11,611
27	奈良県	11,475
28	香川県	11,221
29	富山県	11,172
30	佐賀県	10,905
31	熊本県	10,885
32	東京都	10,778
33	福井県	10,644
34	宮城県	10,355
35	岐阜県	10,347
36	北海道	10,142
37	新潟県	9,956
38	鹿児島県	9,685
39	石川県	9,127
40	宮崎県	9,106
41	山形県	8,883
42	鳥取県	8,633
43	島根県	8,578
44	秋田県	7,998
45	岩手県	7,910
46	高知県	7,663
47	沖縄県	6,428

③事業所新設率

順位	都道府県	事業所新設率 (％)
1	東京都	12.6
2	沖縄県	12.4
3	神奈川県	11.9
4	大阪府	11.9
5	福岡県	11.4
6	北海道	10.3
7	兵庫県	10.3
8	宮城県	10.1
9	愛知県	9.8
10	広島県	9.8
11	鹿児島県	9.7
12	滋賀県	9.7
13	大分県	9.5
14	鳥取県	9.5
15	熊本県	9.5
16	京都府	9.4
17	香川県	9.3
18	奈良県	9.3
19	宮崎県	9.2
20	千葉県	9.2
21	埼玉県	9.2
22	高知県	9.0
23	佐賀県	9.0
24	岡山県	8.9
25	石川県	8.6
26	愛媛県	8.6
27	山口県	8.5
28	栃木県	8.4
29	徳島県	8.3
30	長崎県	8.3
31	島根県	8.3
32	青森県	8.2
33	岩手県	8.2
34	茨城県	8.1
35	静岡県	8.1
36	三重県	7.9
37	群馬県	7.9
38	福島県	7.7
39	秋田県	7.6
40	新潟県	7.6
41	岐阜県	7.6
42	和歌山県	7.6
43	長野県	7.6
44	山梨県	7.4
45	富山県	7.2
46	福井県	7.1
47	山形県	7.0

3.2 仕事―企業

④特許等出願件数

順位	都道府県	特許等出願件数 (件)
1	東京都	256.7
2	大阪府	127.9
3	京都府	94.4
4	愛知県	93.4
5	神奈川県	72.0
6	兵庫県	39.7
7	愛媛県	31.8
8	富山県	29.9
9	静岡県	29.9
10	広島県	26.1
11	福井県	25.7
12	岡山県	25.7
13	山口県	25.6
14	三重県	25.5
15	長野県	24.7
16	埼玉県	23.3
17	山梨県	23.0
18	奈良県	22.5
19	岐阜県	22.2
20	滋賀県	21.6
21	福岡県	20.1
22	群馬県	19.9
23	香川県	19.4
24	茨城県	19.3
25	千葉県	18.4
26	石川県	17.6
27	新潟県	16.6
28	和歌山県	16.4
29	徳島県	15.4
30	鳥取県	13.2
31	佐賀県	13.1
32	島根県	12.0
33	宮城県	11.7
34	栃木県	11.6
35	熊本県	9.8
36	北海道	9.8
37	沖縄県	9.1
38	山形県	9.0
39	鹿児島県	8.9
40	高知県	8.6
41	大分県	8.6
42	宮崎県	8.4
43	岩手県	7.4
44	秋田県	7.2
45	福島県	6.9
46	長崎県	5.9
47	青森県	5.3

(注) 事業所千件あたり

⑤本社機能流出・流入数

順位	都道府県	本社機能流出・流入数 (件)
1	埼玉県	111
2	神奈川県	71
3	千葉県	48
4	茨城県	29
5	兵庫県	20
6	岡山県	11
6	福岡県	11
8	滋賀県	9
9	長野県	8
10	奈良県	6
10	群馬県	6
10	和歌山県	6
13	三重県	5
14	山口県	4
14	徳島県	4
14	栃木県	4
14	熊本県	4
18	新潟県	3
18	鹿児島県	3
20	福島県	2
21	富山県	1
21	石川県	1
21	山形県	1
21	高知県	1
25	沖縄県	0
25	宮崎県	0
27	山梨県	−1
27	大分県	−1
27	青森県	−1
30	京都府	−2
30	愛知県	−2
30	島根県	−2
30	岩手県	−2
34	宮城県	−3
34	秋田県	−3
36	香川県	−4
36	鳥取県	−4
36	佐賀県	−4
39	愛媛県	−5
39	静岡県	−5
39	福井県	−5
39	長崎県	−5
43	岐阜県	−6
44	北海道	−7
45	広島県	−11
46	大阪府	−96
47	東京都	−200

(注) 件数は、(流入数) − (流出数) により算出

4.1 生活ー個人（家族）

①持ち家比率

順位	都道府県	持ち家比率(%)
1	秋田県	77.6
2	富山県	77.1
3	山形県	75.0
4	福井県	74.0
5	新潟県	73.7
6	和歌山県	73.1
7	三重県	72.5
8	岐阜県	72.2
9	奈良県	71.9
10	島根県	70.8
11	長野県	70.7
12	滋賀県	70.2
13	岩手県	70.1
14	徳島県	69.7
15	青森県	69.7
16	鳥取県	69.6
17	群馬県	69.6
18	茨城県	69.6
19	香川県	69.2
20	佐賀県	68.7
21	石川県	68.6
22	福島県	68.5
23	山梨県	68.4
24	栃木県	67.7
25	高知県	66.3
26	山口県	66.2
27	岡山県	65.8
28	愛媛県	65.8
29	埼玉県	65.4
30	宮崎県	65.4
31	静岡県	65.3
32	鹿児島県	64.9
33	長崎県	64.1
34	千葉県	64.0
35	兵庫県	63.7
36	熊本県	63.3
37	大分県	62.4
38	京都府	61.2
39	宮城県	60.5
40	広島県	60.5
41	愛知県	58.0
42	神奈川県	57.8
43	北海道	55.5
44	大阪府	54.4
45	福岡県	53.0
46	沖縄県	49.2
47	東京都	45.9

②生活保護受給率

順位	都道府県	生活保護受給率(%)
1	富山県	0.4
2	愛知県	0.5
3	岐阜県	0.5
4	岡山県	0.5
5	神奈川県	0.5
6	石川県	0.6
7	静岡県	0.6
8	兵庫県	0.7
9	新潟県	0.7
10	広島県	0.7
11	長野県	0.8
12	京都府	0.8
13	香川県	0.8
14	滋賀県	0.9
15	宮城県	0.9
16	熊本県	0.9
17	群馬県	0.9
18	福井県	0.9
19	栃木県	1.1
20	福島県	1.1
21	千葉県	1.1
22	愛媛県	1.1
23	和歌山県	1.2
24	山梨県	1.2
25	山形県	1.3
26	岩手県	1.4
27	埼玉県	1.4
28	宮崎県	1.4
29	山口県	1.5
30	茨城県	1.5
31	大阪府	1.6
32	島根県	1.6
33	奈良県	1.6
34	鹿児島県	1.6
35	三重県	1.7
36	福岡県	1.8
37	秋田県	1.8
38	大分県	1.8
39	高知県	1.9
40	佐賀県	1.9
41	北海道	2.0
42	長崎県	2.1
43	鳥取県	2.2
44	青森県	3.0
45	東京都	3.1
46	徳島県	3.4
47	沖縄県	3.8

4.1 生活-個人(家族)

③待機児童率

順位	都道府県	待機児童率(%)
1	富山県	0.0
1	福井県	0.0
1	長野県	0.0
1	青森県	0.0
1	鳥取県	0.0
1	香川県	0.0
1	石川県	0.0
1	山梨県	0.0
1	宮崎県	0.0
10	新潟県	0.0
11	岐阜県	0.0
12	佐賀県	0.0
13	秋田県	0.0
14	群馬県	0.0
15	和歌山県	0.0
16	山口県	0.0
17	島根県	0.1
18	長崎県	0.1
19	三重県	0.1
20	大分県	0.1
21	高知県	0.1
22	岡山県	0.2
23	愛媛県	0.2
24	徳島県	0.2
25	栃木県	0.3
26	岩手県	0.3
27	茨城県	0.4
28	広島県	0.4
29	京都府	0.4
30	熊本県	0.4
31	鹿児島県	0.4
32	福島県	0.5
33	山形県	0.6
34	静岡県	0.7
35	奈良県	0.8
36	愛知県	1.1
37	福岡県	1.1
38	大阪府	1.2
39	兵庫県	1.3
40	埼玉県	1.4
41	滋賀県	1.5
42	北海道	1.6
43	千葉県	1.9
44	神奈川県	3.0
45	宮城県	3.0
46	東京都	4.2
47	沖縄県	6.2

④一人暮らし高齢者率

順位	都道府県	一人暮らし高齢者率(%)
1	山形県	9.2
2	新潟県	10.5
3	福井県	10.6
4	富山県	11.0
5	茨城県	11.3
6	岐阜県	11.5
7	滋賀県	11.7
8	福島県	11.8
9	静岡県	11.9
10	長野県	12.1
11	岩手県	12.1
12	栃木県	12.1
13	宮城県	12.1
14	秋田県	12.3
15	佐賀県	12.5
16	鳥取県	12.7
17	石川県	13.1
18	島根県	13.2
19	群馬県	13.3
20	山梨県	13.9
21	埼玉県	13.9
22	三重県	14.0
23	奈良県	14.1
24	青森県	14.3
25	千葉県	14.5
26	愛知県	14.6
27	岡山県	14.8
28	熊本県	14.9
29	香川県	15.1
30	徳島県	15.4
31	沖縄県	16.8
32	大分県	16.9
33	神奈川県	17.0
34	長崎県	17.1
35	広島県	17.7
36	京都府	18.2
37	愛媛県	18.3
38	宮崎県	18.4
39	和歌山県	18.6
40	山口県	18.6
41	兵庫県	18.7
42	福岡県	18.7
43	北海道	19.3
44	高知県	20.5
45	大阪府	22.1
46	鹿児島県	22.8
47	東京都	23.6

4.2 生活－地域

⑤インターネット人口普及率

順位	都道府県	インターネット人口普及率（%）
1	神奈川県	87.5
2	東京都	84.1
3	愛知県	83.3
4	北海道	82.7
5	埼玉県	82.4
6	大阪府	82.0
7	千葉県	81.4
8	京都府	79.7
9	奈良県	79.5
10	滋賀県	79.0
11	宮城県	78.8
11	福岡県	78.8
13	兵庫県	78.6
14	三重県	77.8
15	静岡県	77.6
16	福井県	76.9
17	沖縄県	76.8
18	徳島県	76.5
19	岡山県	76.3
19	和歌山県	76.3
21	石川県	75.8
22	鹿児島県	75.7
23	広島県	75.4
24	栃木県	75.3
25	茨城県	75.1
26	佐賀県	74.8
27	香川県	74.6
28	群馬県	74.3
29	山梨県	74.2
30	岐阜県	74.0
31	長野県	73.9
32	愛媛県	73.4
33	福島県	73.2
33	熊本県	73.2
35	鳥取県	72.9
36	島根県	72.5
36	大分県	72.5
38	長崎県	72.3
39	富山県	72.1
39	山口県	72.1
41	新潟県	71.2
42	山形県	71.0
43	岩手県	70.4
44	高知県	68.7
45	宮崎県	68.3
46	秋田県	68.0
47	青森県	65.7

①下水道処理人口普及率

順位	都道府県	下水道処理人口普及率（%）
1	東京都	99.4
2	兵庫県	98.1
3	滋賀県	97.8
4	神奈川県	97.2
5	大阪府	95.2
6	京都府	94.8
7	長野県	94.5
8	北海道	93.4
9	富山県	92.8
10	鳥取県	89.8
11	福井県	88.8
12	石川県	88.6
13	埼玉県	87.7
14	福岡県	86.7
15	宮城県	86.6
16	山形県	86.5
17	岐阜県	86.3
18	愛知県	84.0
19	奈良県	83.9
20	千葉県	82.6
21	広島県	81.3
22	新潟県	79.7
23	山口県	79.0
24	沖縄県	78.8
25	秋田県	78.5
26	熊本県	78.4
27	岡山県	77.8
27	栃木県	77.8
29	三重県	76.5
30	宮崎県	76.4
31	茨城県	76.0
32	山梨県	75.4
33	長崎県	73.6
34	福島県	73.1
35	岩手県	71.9
36	静岡県	71.5
37	群馬県	71.4
38	佐賀県	71.3
39	島根県	70.4
40	青森県	70.3
41	愛媛県	69.0
42	鹿児島県	68.5
43	香川県	66.2
44	大分県	66.1
45	高知県	66.0
46	和歌山県	50.1
47	徳島県	47.6

4.2 生活－地域

②道路整備率

順位	都道府県	道路整備率 (%)
1	富山県	74.4
2	大阪府	72.4
3	石川県	71.6
4	北海道	71.1
5	福井県	68.7
6	東京都	68.4
7	山形県	67.7
8	宮城県	66.9
9	鳥取県	66.8
10	鹿児島県	66.7
11	秋田県	66.3
12	佐賀県	65.6
13	栃木県	65.1
14	沖縄県	64.8
15	神奈川県	63.8
16	愛知県	62.5
17	福岡県	62.3
18	大分県	60.8
19	香川県	60.6
20	新潟県	60.5
20	岩手県	60.5
22	青森県	59.0
23	兵庫県	58.0
24	千葉県	57.1
25	福島県	56.9
26	静岡県	56.1
27	山口県	56.0
28	山梨県	55.7
29	広島県	54.8
30	熊本県	54.7
31	岐阜県	53.8
32	滋賀県	53.7
33	京都府	53.3
34	島根県	53.1
35	宮崎県	51.6
36	埼玉県	50.1
37	愛媛県	49.2
38	長野県	47.7
38	群馬県	47.7
40	三重県	47.5
41	長崎県	47.3
42	岡山県	45.0
43	奈良県	43.9
44	高知県	43.0
45	徳島県	42.8
46	和歌山県	42.1
47	茨城県	37.7

③一般廃棄物リサイクル率

順位	都道府県	一般廃棄物リサイクル率 (%)
1	山口県	37.1
2	三重県	30.6
3	長野県	25.8
4	岡山県	25.7
5	千葉県	24.8
6	鳥取県	24.7
7	神奈川県	24.5
8	広島県	24.4
9	高知県	24.4
10	埼玉県	24.2
11	島根県	23.8
12	東京都	23.5
13	愛知県	23.5
14	北海道	22.8
15	福岡県	22.8
16	岐阜県	22.4
17	新潟県	22.2
18	静岡県	21.6
19	香川県	20.9
20	富山県	20.5
21	宮崎県	20.0
22	大分県	20.0
23	滋賀県	19.0
24	福井県	18.8
25	栃木県	18.7
26	山梨県	18.7
27	岩手県	18.7
28	愛媛県	18.6
29	熊本県	18.2
30	徳島県	18.2
31	茨城県	18.0
32	佐賀県	17.9
33	長崎県	17.5
34	兵庫県	17.3
35	鹿児島県	17.1
36	宮城県	17.1
37	山形県	17.0
38	秋田県	15.7
39	石川県	15.3
40	群馬県	14.8
41	奈良県	14.4
42	福島県	14.2
43	和歌山県	13.8
44	京都府	13.3
45	青森県	12.9
46	沖縄県	12.7
47	大阪府	12.2

④エネルギー消費量

順位	都道府県	エネルギー消費量 （GJ/人）
1	茨城県	26.1
2	栃木県	26.6
3	鹿児島県	26.6
4	宮崎県	26.6
5	沖縄県	27.0
6	埼玉県	27.3
7	岐阜県	27.4
8	熊本県	27.6
9	群馬県	27.7
10	長野県	27.9
11	山梨県	27.9
12	静岡県	28.0
13	佐賀県	28.2
14	大分県	28.3
15	長崎県	28.5
16	神奈川県	28.6
17	滋賀県	28.7
18	千葉県	28.8
19	三重県	29.1
20	和歌山県	29.5
21	奈良県	29.7
22	福岡県	29.8
23	兵庫県	30.2
24	高知県	30.8
25	愛知県	31.1
26	大阪府	31.7
27	京都府	32.0
28	愛媛県	32.1
29	島根県	32.2
30	山口県	32.5
31	鳥取県	32.5
32	東京都	32.6
33	岡山県	32.8
34	青森県	33.3
35	徳島県	33.3
36	広島県	33.4
37	新潟県	33.4
38	山形県	33.7
39	香川県	34.0
40	秋田県	34.6
41	福島県	35.5
42	富山県	36.7
43	石川県	37.0
44	福井県	37.7
45	宮城県	38.7
46	岩手県	39.7
47	北海道	39.7

（注）人口1人あたり

⑤地縁団体数

順位	都道府県	地縁団体数 （件）
1	島根県	8.7
2	徳島県	7.2
3	香川県	6.9
4	高知県	6.1
5	岡山県	5.8
6	山口県	5.0
7	鳥取県	4.9
8	福井県	4.8
9	秋田県	4.8
10	茨城県	4.5
11	鹿児島県	4.2
12	富山県	4.1
13	和歌山県	3.9
14	愛媛県	3.8
15	大分県	3.7
16	石川県	3.5
17	山形県	3.4
18	新潟県	3.4
19	宮崎県	3.4
20	長野県	3.3
21	佐賀県	3.2
22	長崎県	3.1
23	熊本県	3.1
24	福島県	3.1
25	岩手県	3.0
26	広島県	2.9
27	奈良県	2.8
28	北海道	2.8
29	三重県	2.7
30	岐阜県	2.6
31	滋賀県	2.5
32	山梨県	2.5
33	青森県	2.4
34	福岡県	2.3
35	栃木県	2.2
36	宮城県	2.1
37	兵庫県	1.9
38	愛知県	1.8
39	千葉県	1.5
40	大阪府	1.5
41	群馬県	1.4
42	静岡県	1.4
43	京都府	1.3
44	埼玉県	1.0
45	神奈川県	0.8
46	沖縄県	0.8
47	東京都	0.7

（注）人口千人あたり

5.1 教育－学校

①学力

順位	都道府県	学力(点)
1	秋田県	112.4
2	福井県	110.8
3	富山県	107.3
4	石川県	106.3
5	青森県	106.2
6	香川県	105.4
6	鳥取県	105.4
8	岐阜県	105.1
9	東京都	104.6
10	広島県	104.4
11	群馬県	104.2
12	静岡県	104.2
13	奈良県	104.1
14	徳島県	104.0
14	山形県	104.0
16	山口県	103.9
17	熊本県	103.5
18	長崎県	103.4
19	京都府	103.4
20	兵庫県	103.2
21	愛知県	103.0
22	宮城県	102.8
23	千葉県	102.7
23	神奈川県	102.7
25	島根県	102.5
25	愛媛県	102.5
25	宮崎県	102.5
28	滋賀県	102.3
29	埼玉県	102.3
30	茨城県	102.2
31	新潟県	102.1
32	栃木県	102.0
33	岩手県	101.8
34	岡山県	101.5
35	山梨県	101.2
36	三重県	101.2
37	長野県	101.1
38	福島県	101.0
39	鹿児島県	100.7
40	佐賀県	100.7
40	福岡県	100.7
42	和歌山県	100.5
43	大分県	100.4
44	大阪府	99.0
45	北海道	98.8
46	高知県	98.3
47	沖縄県	89.9

（注）小学校・中学校の全国学力・学習状況調査による

②不登校児童生徒率

順位	都道府県	不登校児童生徒率(%)
1	岩手県	0.84
2	福島県	0.86
3	秋田県	0.89
4	宮崎県	0.90
5	愛媛県	0.93
6	熊本県	0.94
7	山形県	0.94
8	富山県	0.96
9	北海道	0.97
10	福井県	1.00
11	兵庫県	1.01
12	佐賀県	1.02
13	千葉県	1.02
14	埼玉県	1.03
15	鹿児島県	1.04
16	長崎県	1.05
17	京都府	1.06
18	山口県	1.06
19	東京都	1.07
20	群馬県	1.08
21	山梨県	1.08
22	新潟県	1.10
23	沖縄県	1.11
24	石川県	1.11
25	茨城県	1.14
26	福岡県	1.15
27	青森県	1.16
28	三重県	1.16
29	岐阜県	1.17
30	静岡県	1.18
31	長野県	1.18
32	大阪府	1.19
33	香川県	1.20
34	愛知県	1.20
35	広島県	1.20
36	和歌山県	1.21
37	滋賀県	1.21
38	宮城県	1.23
39	大分県	1.24
40	鳥取県	1.27
41	島根県	1.28
42	栃木県	1.28
43	高知県	1.29
44	奈良県	1.31
45	徳島県	1.31
46	岡山県	1.38
47	神奈川県	1.40

③司書教諭発令率

順位	都道府県	司書教諭発令率 (%)
1	鳥取県	99.6
2	神奈川県	94.1
3	茨城県	90.4
4	埼玉県	89.8
5	京都府	88.9
6	大阪府	86.7
7	愛知県	83.2
8	東京都	82.4
9	栃木県	80.5
10	静岡県	77.3
11	千葉県	74.9
12	奈良県	73.7
13	群馬県	73.6
14	滋賀県	70.7
15	福岡県	69.4
16	福井県	67.8
17	富山県	67.1
18	兵庫県	66.6
19	愛媛県	64.6
20	岐阜県	62.9
21	香川県	62.2
22	長野県	60.1
23	島根県	60.0
24	三重県	59.2
25	広島県	57.7
26	沖縄県	56.5
27	岡山県	56.0
28	宮城県	55.3
29	石川県	54.9
30	佐賀県	50.7
31	新潟県	49.2
32	青森県	48.4
33	福島県	46.1
34	山梨県	45.3
35	和歌山県	44.3
36	宮崎県	43.8
37	山口県	43.5
38	北海道	41.0
39	徳島県	39.7
40	熊本県	39.1
41	長崎県	38.8
42	山形県	36.4
43	大分県	36.4
44	秋田県	35.6
45	高知県	32.2
46	岩手県	29.3
47	鹿児島県	26.3

④大学進学率

順位	都道府県	大学進学率 (%)
1	京都府	67.0
2	東京都	65.4
3	神奈川県	61.8
4	広島県	61.5
5	兵庫県	60.7
6	愛知県	60.0
7	奈良県	59.8
8	大阪府	59.2
9	滋賀県	58.9
10	山梨県	58.5
11	福井県	57.4
12	埼玉県	57.0
13	岐阜県	56.5
14	石川県	55.3
15	千葉県	55.2
16	富山県	55.2
17	栃木県	54.5
18	群馬県	54.4
19	静岡県	54.3
20	岡山県	53.6
21	福岡県	53.3
22	徳島県	52.9
23	三重県	52.1
24	愛媛県	52.1
25	茨城県	51.9
26	香川県	51.8
27	和歌山県	50.0
28	長野県	49.9
29	島根県	49.8
30	新潟県	48.2
31	宮城県	47.7
32	大分県	46.9
33	秋田県	45.9
34	山形県	45.8
35	鳥取県	45.0
36	宮崎県	44.6
37	福島県	44.1
38	高知県	43.9
39	佐賀県	43.5
40	山口県	43.4
41	熊本県	43.3
42	長崎県	42.9
43	青森県	42.7
44	鹿児島県	41.7
45	北海道	41.1
46	岩手県	40.1
47	沖縄県	36.6

5.1 教育－学校

⑤教員一人あたり児童生徒数

順位	都道府県	教員一人あたり児童生徒数（人）
1	高知県	10.4
2	島根県	10.9
3	鹿児島県	11.7
4	徳島県	11.8
5	鳥取県	12.1
6	岩手県	12.3
7	秋田県	12.6
8	北海道	12.7
9	青森県	12.8
10	大分県	12.9
11	和歌山県	13.0
12	山口県	13.1
13	長崎県	13.2
14	山形県	13.2
15	愛媛県	13.3
16	福島県	13.3
17	熊本県	13.5
18	佐賀県	13.5
19	宮崎県	13.6
20	福井県	13.7
21	新潟県	13.7
22	香川県	13.8
23	三重県	13.8
24	山梨県	13.9
25	宮城県	14.3
26	長野県	14.4
27	富山県	14.4
28	岡山県	14.4
29	石川県	14.4
30	京都府	14.6
31	奈良県	14.7
32	栃木県	14.8
33	茨城県	14.8
34	岐阜県	14.8
35	群馬県	14.9
36	滋賀県	15.2
37	沖縄県	15.2
38	広島県	15.5
39	兵庫県	15.7
40	福岡県	16.3
41	静岡県	16.4
42	大阪府	16.5
43	千葉県	16.9
44	愛知県	17.4
45	東京都	17.5
46	埼玉県	17.7
47	神奈川県	17.8

5.2 教育－社会

①社会教育費

順位	都道府県	社会教育費（円）
1	島根県	24,963
2	福井県	24,119
3	岩手県	24,106
4	鳥取県	23,277
5	秋田県	22,674
6	山口県	21,537
7	長野県	21,143
8	新潟県	21,005
9	岐阜県	20,639
10	青森県	20,151
11	宮城県	19,133
12	高知県	19,051
13	富山県	18,987
14	山梨県	18,668
15	佐賀県	18,274
16	山形県	18,270
17	石川県	18,105
18	福島県	17,210
19	群馬県	17,139
20	滋賀県	16,689
21	宮崎県	16,243
22	沖縄県	16,202
23	長崎県	16,058
24	奈良県	16,029
25	愛媛県	15,994
26	茨城県	15,957
27	北海道	15,768
28	栃木県	15,204
29	大分県	14,971
30	鹿児島県	14,363
31	福岡県	13,710
32	香川県	13,522
33	岡山県	12,858
34	愛知県	12,638
35	千葉県	12,340
36	熊本県	12,251
37	和歌山県	12,045
38	静岡県	11,770
39	東京都	11,535
40	広島県	11,186
41	徳島県	10,899
42	兵庫県	10,384
43	埼玉県	10,314
44	三重県	10,054
45	大阪府	9,272
46	神奈川県	7,227
47	京都府	6,682

（注）人口千人あたり

②社会教育学級・講座数

順位	都道府県	社会教育学級・講座数 (件)
1	鹿児島県	6.9
2	山口県	6.2
3	宮崎県	5.6
4	鳥取県	5.5
5	高知県	5.5
6	徳島県	5.3
7	岩手県	5.3
8	島根県	4.7
9	長野県	4.0
10	富山県	3.5
11	大分県	3.4
12	千葉県	3.1
13	広島県	3.1
14	静岡県	3.0
15	福井県	2.9
16	新潟県	2.9
17	山梨県	2.8
18	埼玉県	2.7
19	群馬県	2.6
20	熊本県	2.6
21	北海道	2.5
22	長崎県	2.5
23	奈良県	2.5
24	岐阜県	2.5
25	秋田県	2.4
26	和歌山県	2.4
27	兵庫県	2.4
28	愛媛県	2.3
29	福岡県	2.2
30	青森県	2.1
31	福島県	2.0
32	京都府	2.0
33	山形県	1.9
34	香川県	1.8
35	宮城県	1.8
36	東京都	1.8
37	石川県	1.8
38	佐賀県	1.8
39	栃木県	1.8
40	大阪府	1.6
41	沖縄県	1.6
42	岡山県	1.5
43	愛知県	1.5
44	滋賀県	1.3
45	茨城県	1.2
46	三重県	1.1
47	神奈川県	0.8

（注）人口千人あたり

③学童保育設置率

順位	都道府県	学童保育設置率 (％)
1	埼玉県	126.8
2	東京都	121.7
3	群馬県	116.9
4	沖縄県	115.4
5	栃木県	113.9
6	佐賀県	113.6
7	福岡県	112.8
8	茨城県	110.9
9	石川県	110.7
10	滋賀県	110.6
11	奈良県	110.0
11	香川県	110.0
13	大阪府	106.3
14	富山県	103.4
15	千葉県	102.8
16	山梨県	101.9
17	静岡県	101.5
18	福井県	100.5
19	愛知県	99.2
20	兵庫県	97.4
21	京都府	95.2
22	広島県	94.9
23	岡山県	93.5
24	山口県	93.4
25	長野県	92.9
26	鳥取県	91.8
27	岐阜県	91.6
28	熊本県	85.8
29	宮崎県	84.0
30	秋田県	82.2
31	青森県	82.1
32	神奈川県	79.3
33	島根県	78.9
34	新潟県	77.2
35	長崎県	75.0
36	山形県	75.0
37	北海道	71.9
38	大分県	71.8
39	三重県	66.0
40	愛媛県	62.5
41	福島県	61.8
42	岩手県	59.6
43	鹿児島県	57.9
44	和歌山県	57.6
45	宮城県	56.5
46	徳島県	53.8
47	高知県	49.4

（注）小学校数比

5.2 教育－社会

④余裕教室活用率

順位	都道府県	余裕教室活用率 (%)
1	群馬県	100.0
1	茨城県	100.0
1	石川県	100.0
1	香川県	100.0
1	山梨県	100.0
1	愛知県	100.0
1	広島県	100.0
1	岡山県	100.0
1	長野県	100.0
1	岐阜県	100.0
1	秋田県	100.0
1	青森県	100.0
1	新潟県	100.0
1	長崎県	100.0
1	大分県	100.0
16	兵庫県	99.9
17	東京都	99.9
18	愛媛県	99.9
19	宮崎県	99.9
20	福岡県	99.8
21	富山県	99.8
22	和歌山県	99.8
23	山形県	99.8
24	徳島県	99.7
25	鹿児島県	99.6
26	山口県	99.6
27	静岡県	99.5
28	鳥取県	99.4
29	岩手県	99.4
30	神奈川県	99.3
31	埼玉県	99.1
32	千葉県	99.1
33	奈良県	99.1
34	滋賀県	99.1
35	三重県	99.0
36	大阪府	99.0
37	福島県	99.0
38	栃木県	98.3
39	京都府	98.2
40	宮城県	97.0
41	福井県	97.0
42	佐賀県	96.9
43	熊本県	96.6
44	島根県	96.4
45	北海道	96.0
46	高知県	95.4
47	沖縄県	84.4

⑤悩みやストレスのある者の率

順位	都道府県	悩みやストレスのある者の率 (%)
1	鹿児島県	41.3
2	宮崎県	42.6
3	福島県	42.7
4	青森県	43.4
5	大分県	43.5
6	秋田県	43.5
7	長崎県	43.6
8	北海道	43.6
9	福井県	43.7
10	茨城県	43.9
11	熊本県	44.0
12	栃木県	44.0
13	沖縄県	44.2
14	和歌山県	44.2
15	石川県	44.3
16	佐賀県	45.0
17	山梨県	45.1
18	山形県	45.1
19	山口県	45.1
20	高知県	45.2
21	群馬県	45.2
22	岐阜県	45.2
23	愛知県	45.5
24	島根県	45.5
25	徳島県	45.6
26	愛媛県	45.8
27	富山県	46.0
28	埼玉県	46.1
29	鳥取県	46.1
30	三重県	46.2
31	千葉県	46.6
32	奈良県	46.7
33	岩手県	46.7
34	静岡県	46.9
35	京都府	47.5
36	宮城県	47.6
37	福岡県	47.7
38	長野県	47.9
39	香川県	48.0
40	神奈川県	48.0
41	新潟県	48.1
42	滋賀県	48.1
43	岡山県	48.2
44	東京都	48.3
45	広島県	48.7
46	兵庫県	49.0
47	大阪府	49.2

出典一覧

○基本指標

1. **人口増加率**:「国勢調査」(総務省)
   2005～2010年（平成17～平成22年）のデータを用いてランキングを行っている。経年変化として、2000～2005年（平成12～平成17年）のデータとの比較を行っている。

2. **一人あたり県民所得**:「県民経済計算年報」(内閣府)
   県民所得には、「県民雇用者所得」のほか、「財産所得」、「企業所得」が含まれる。2009年（平成21年度）のデータを用いてランキングを行っている。経年変化として、2000年（平成12年度）のデータと比較を行っている。

3. **選挙投票率（国政選挙）**:「衆議院議員総選挙・最高裁判所裁判官国民審査結果調」(総務省)
   2009年（平成21年8月30日執行）のデータを用いてランキングを行っている。経年変化として、2005年（平成17年9月11日執行）のデータと比較を行っている。

4. **食料自給率（カロリーベース）**:「都道府県別食料自給率について」(農林水産省)
   食料自給率は、カロリーベースの数値とし、2010年度（平成22年度）のデータを用いてランキングを行っている。経年変化として、2000年度（平成12年度）のデータと比較を行っている。

5. **財政健全度**:「都道府県決算状況調」(総務省)
   財政健全度は、①実質収支比率、②財政力指数、③経常収支比率、④実質公債費比率、⑤将来負担比率の実数値から偏差値を計算し、その5つの偏差値の平均値を得点として、2010年度（平成22年度）のデータを用いてランキングを行っている。経年変化として、2000年度（平成12年度）のデータと比較を行っているが、データの関係上、実質収支比率、財政力指数、経常収支比率の3指標により指標化している。

○分野別指標

1.1 健康―医療・福祉

①生活習慣病受療者数:「患者調査」(厚生労働省)
2008年（平成20年）のデータを用い、人口10万人あたりの生活習慣病受療者数によりランキングを行っている。なお、ここでは悪性新生物、心疾患、脳血管疾患、糖尿病を生活習慣病としている。

②気分［感情］障害（うつ等）受療者数:「患者調査」(厚生労働省)
2008年（平成20年）のデータを用い、人口10万人あたりの気分［感情］障害（うつ等）受療者数によりランキングを行っている。

③産科・産婦人科医師数:「地域保健医療基礎統計」(厚生労働省)
2009年（平成21年）のデータを用い、15～49歳女子人口10万人あたりの産科・産婦

人科医師数によりランキングを行っている。
　④ホームヘルパー数：「介護サービス施設・事業所調査」（厚生労働省）
　　2010年度（平成22年度）のデータを用い、高齢者（65歳以上）人口千人あたりのホームヘルパー（訪問介護員）数（常勤換算）によりランキングを行っている。経年変化として、2002年度（平成14年度）のデータと比較を行っている。
　⑤高齢者ボランティア活動者比率：「社会生活基本調査」（総務省）
　　2011年（平成23年）のデータを用い、高齢者（65歳以上）人口あたりのボランティア活動を行う高齢者（65歳以上）人口の比率によりランキングを行っている。

　1.2　健康─運動・体力
　①健康寿命：厚生労働科学研究費補助金「健康寿命における将来予測と生活習慣病対策の費用対効果に関する研究」
　　健康寿命とは、「健康上の問題で日常生活が制限されることなく生活できる期間」をいう。2010年（平成22年）のデータを用いてランキングを行っている。
　②平均歩数：「国民健康・栄養調査報告」（厚生労働省）
　　2010年（平成22年）のデータを用い、1日あたりの平均歩数によりランキングを行っている。
　③基本健康診査受診率：「地域保健・健康増進事業報告」（厚生労働省）
　　2010年度（平成22年度）のデータを用い、健康診査対象者数に対する健康診査受診者数の比率によりランキングを行っている。
　④体育・スポーツ施設数：「社会教育調査」（文部科学省）
　　2008年度（平成20年度）のデータを用い、人口10万人あたりの社会体育施設・民間体育施設数によりランキングを行っている。
　⑤スポーツの活動時間：「社会生活基本調査」（総務省）
　　2006年（平成18年）のデータを用い、1日あたりのスポーツに費やす総平均時間によりランキングを行っている。経年変化として、1996年（平成8年）のデータと比較を行っている。

　2.1　文化─余暇・娯楽
　①教養・娯楽（サービス）支出額：「家計調査」（総務省）
　　2011年（平成23年）のデータを用い、都道府県庁所在市（東京都は区部）1世帯あたりの、教養娯楽（耐久財・半耐久財・非耐久財・サービス）に係る支出のうち教養娯楽（サービス）に係る支出額によりランキングを行っている。
　②余暇時間：「社会生活基本調査」（総務省）
　　2006年（平成18年）のデータを用い、1日あたりの「休養・くつろぎ」に費やす総平均時間によりランキングを行っている。
　③常設映画館数：「衛生行政報告例」（厚生労働省）

2010年度（平成22年度）のデータを用い、人口100万人あたりの常設映画館数によりランキングを行っている。
④書籍購入額：「家計調査」（総務省）
2011年（平成23年）のデータを用い、都道府県庁所在市（東京都は区部）1世帯あたりの書籍の購入額によりランキングを行っている。経年変化として、2001年（平成13年）のデータと比較を行っている。
⑤「学術、文化、芸術又はスポーツの振興を図る活動」を行うNPO認証数：「NPO法人ポータルサイト」（内閣府）
2012年（平成24年）3月31日現在のデータを用い、人口10万人あたりの「学術、文化、芸術又はスポーツの振興を図る活動」を行うNPO認証数によりランキングを行っている。

2.2　文化─国際
①外国人宿泊者数：「宿泊旅行統計調査」（国土交通省観光庁）
2011年（平成23年）のデータを用い、人口千人あたりの外国人実宿泊者数によりランキングを行っている。
②姉妹都市提携数：「姉妹提携データ」（財団法人自治体国際化協会）
2012年（平成24年）6月30日現在のデータを用い、姉妹提携件数によりランキングを行っている。
③語学教室にかける金額：「家計調査」（総務省）
2011年（平成23年）のデータを用い、都道府県庁所在市（東京都は区部）1世帯あたりの語学教室に係る支出額によりランキングを行っている。
④海外渡航者率：「出入国管理統計」（法務省）
2011年（平成23年）のデータを用い、人口に対する出国者数の比率によりランキングを行っている。
⑤留学生数：「外国人留学生在籍状況調査結果」（独立行政法人日本学生支援機構）
2011年度（平成23年度）のデータを用い、人口10万人あたりの留学生数によりランキングを行っている。経年変化として、2001年度（平成13年度）のデータと比較を行っている。

3.1　仕事─雇用
①若者完全失業率：「国勢調査」（総務省）
2010年（平成22年）のデータを用い、労働力人口（15～34歳）に対する完全失業者数（15～34歳）の比率によりランキングを行っている。
②正規雇用者比率：「国勢調査」（総務省）
2010年（平成22年）のデータを用い、雇用者総数に対する正規職員・従業員数の比率によりランキングを行っている。

③高齢者有業率：「国勢調査」（総務省）
2010年（平成22年）のデータを用い、高齢者（65歳以上）人口に対する高齢者（65歳以上）就業者数の比率によりランキングを行っている。経年変化として、2000年（平成12年）のデータと比較を行っている。
④インターンシップ実施率：「職場体験・インターンシップ実施状況等調査結果」（文部科学省・国立教育政策研究所）
2010年度（平成22年度）のデータを用い、公立高校におけるインターンシップ実施率によりランキングを行っている。
⑤大卒者進路未定者率：「学校基本調査」（文部科学省）
2011年（平成23年）のデータを用い、2011年3月卒業者総数に対する進路未定者（1. 一時的な仕事に就いた者、2. 進学者、就職者、臨床研修医（予定者を含む）及び専修学校・外国の学校等入学者以外の者、3. 不詳・死亡した者）の比率によりランキングを行っている。

3.2 仕事—企業

①障碍者雇用率：「障害者雇用状況の集計結果」（厚生労働省）
2010年（平成22年）のデータを用い、雇用者総数に対する障碍者雇用者数の比率によりランキングを行っている。
②製造業労働生産性：「工業統計調査」（経済産業省）
2010年（平成22年）のデータを用い、製造業粗付加価値額／製造業従業者数により算出した労働生産性によりランキングを行っている。なお、従業者4人以上の事業所による集計を用いている。
③事業所新設率：「経済センサス」（総務省）
2009年（平成21年）のデータを用い、事業所総数に対する新設事業所数の比率によりランキングを行っている。
④特許等出願件数：「工業統計調査」（経済産業省）
特許等とは、特許、実用新案、意匠、商標をいう。2010年（平成22年）のデータを用い、事業所千件あたりの特許等出願件数によりランキングを行っている。
⑤本社機能流出・流入数：「転入・転出企業分析」（株式会社帝国データバンク）
2011年のデータを用い、本社機能流入企業数−本社機能流出企業数によりランキングを行っている。経年変化として、2001年から2011年の累積数と比較を行っている。

4.1 生活—個人（家族）

①持ち家比率：「国勢調査」（総務省）
2010年（平成22年）のデータを用い、全世帯数に対する持ち家世帯数の比率によりランキングを行っている。
②生活保護受給率：「社会福祉行政業務報告」（厚生労働省）

2010年度（平成22年度）のデータを用い、全世帯数に対する被保護世帯数の比率によりランキングを行っている。

③待機児童率：「保育所入所待機児童数調査」（厚生労働省・雇用均等・児童家庭局保育課調べ）

2011年（平成23年）のデータを用い、保育所利用児童数及び待機児童数の総数に対する待機児童数の比率によりランキングを行っている。経年変化として、2001年（平成13年）のデータと比較を行っている。

④一人暮らし高齢者率：「国勢調査」（総務省）

2010年（平成22年）のデータを用い、高齢者（65歳以上）総数に対する一人暮らし高齢者数の比率によりランキングを行っている。

⑤インターネット人口普及率：「通信利用動向調査」（総務省）

2011年（平成23年）のデータを用い、総人口（6歳以上）に対する利用目的・機器を問わず対象期間の1年間にインターネットを利用した人口（6歳以上）の比率によりランキングを行っている。

4.2　生活—地域

①下水道処理人口普及率：都道府県別汚水処理人口普及率（国土交通省、農林水産省、環境省）

2009年度（平成21年度）のデータを用い、総人口に対する汚水処理人口（下水道、農業集落排水施設等、合併処理浄化槽）の比率によりランキングを行っている。

②道路整備率：「道路統計年報2011」（国土交通省）

2010年（平成22年）のデータを用い、道路（一般国道、都道府県道、国・都道府県道、市町村道）の整備率によりランキングを行っている。

③一般廃棄物リサイクル率「一般廃棄物処理実態調査結果」（環境省）

2010年度（平成22年度）のデータを用い、ごみ処理量及び集団回収量に対する直接資源化量、中間処理後再生利用量及び集団回収量の比率によりランキングを行っている。

④エネルギー消費量：「都道府県別エネルギー消費統計」（経済産業省）

2010年（平成22年）のデータを用い、人口あたりの民生部門（家庭）におけるエネルギー消費量（推計値）によりランキングを行っている。経年変化として、2000年（平成12年）のデータと比較を行っている。

⑤地縁団体数：「地縁による団体の認可事務の状況等に関する調査結果」（総務省）

2008年（平成20年）のデータを用い、人口千人あたりの地縁団体数によりランキングを行っている。

5.1　教育—学校

①学力：「全国学力・学習状況調査」（文部科学省・国立教育政策研究所）

2010年度（平成22年度）のデータを用い、公立小・中学校の平均正答数の合計点によ

りランキングを行っている。
②不登校児童生徒率:「児童生徒の問題行動等生徒指導上の諸問題に関する調査」(文部科学省)
国公私立小・中・高等学校の生徒総数に対する不登校児童生徒数の比率によりランキングを行っている。
③司書教諭発令率:「学校図書館の現状に関する調査」(文部科学省)
2010年度(平成22年度)のデータを用い、公立小・中・高等学校の学校総数に対する司書教諭を発令している学校数の比率によりランキングを行っている。
④大学進学率:「学校基本調査」(文部科学省)
2010年(平成22年)のデータを用い、2010年3月卒業者総数に対する大学・短期大学等への進学者数の比率によりランキングを行っている。
⑤教員一人あたり児童生徒数:「学校基本調査」(文部科学省)
2011年度(平成23年度)のデータを用い、国公私立小・中・高等学校の教員(本務者)総数に対する国公私立小・中・高等学校の児童・生徒総数の比率によりランキングを行っている。経年変化として、2001年度(平成13年度)のデータと比較を行っている。

5.2 教育―社会

①社会教育費:「地方教育費調査」(文部科学省)
2009年度(平成21年度)のデータを用い、人口千人あたりの社会教育費の額によりランキングを行っている。
②社会教育学級・講座数:「社会教育行政調査」(文部科学省)
2007年度(平成19年度)のデータを用い、人口千人あたりの首長及び都道府県・市町村首長部局及び教育委員会による社会教育学級・講座数によりランキングを行っている。
③学童保育設置率:「学童保育の実施状況調査結果」(全国学童保育連絡協議会)
2011年(平成23年)のデータを用い、小学校総数に対する学童保育数の比率によりランキングを行っている。経年変化として、2003年(平成15年)のデータと比較を行っている。
④余裕教室活用率:「余裕教室の活用状況について」(文部科学省)
2009年(平成21年)のデータを用い、小・中学校における余裕教室数に対する活用教室数の比率によりランキングを行っている。
⑤悩みやストレスのある者の率:「国民生活基礎調査」(厚生労働省)
2010年(平成22年)のデータを用い、総人口(12歳以上)に対する悩みやストレスのある者の比率によりランキングを行っている。

謝　辞

本研究プロジェクトに携わった、以下のすべての方々に感謝の意を表したい（敬称略）。

寺島　実郎

○一般財団法人日本総合研究所
　富永　哲郎（副理事長／東京事務所長）
　松岡　　斉（所長／特別研究本部長）
　坂本　俊英（調査研究部長／主任研究員）
　林　　美紀（理事長室室長）
　岩﨑　太志（研究員）
　田坂　　毅（研究員）
　日高いづみ（研究員）
　冨田　敦史（研究員）

○日本ユニシス株式会社
　高橋　　修（代表取締役専務執行役員）
　羽田　昭裕（総合技術研究所長）
　井上　祐司（総合技術研究所 研究員）
　星野　　力（総合技術研究所 研究員／工学博士）

監修者・編者紹介

寺島実郎

1947年北海道生まれ。早稲田大学大学院政治学研究科修士課程修了後、三井物産入社。米国三井物産ワシントン事務所長、三井物産戦略研究所所長、三井物産常務執行役員、早稲田大学大学院アジア太平洋研究科教授等を経て、現在は日本総合研究所理事長、多摩大学学長、三井物産戦略研究所会長。国交省・高速道路のあり方検討有識者委員会座長、宮城県・震災復興会議副議長、経産省・資源エネルギー庁総合資源エネルギー調査会基本問題委員会委員等歴任。
著書に『新経済主義宣言』（新潮社、第15回石橋湛山賞受章）『脳力のレッスンⅠ・Ⅱ・Ⅲ』（岩波書店）『世界を知る力 日本創生編』（PHP新書）ほか多数。

一般財団法人日本総合研究所

純民間的発意によって公共政策志向のシンクタンクとして1970年8月に設立され、中立性と創造性の重視、革新的で柔軟な研究組織の確立、国際的な活動の積極的展開の3つを基本理念に研究・調査を推進している。設立後40年余の間に、国内外の地域分析をはじめ経済、産業、技術、環境・エネルギー、医療・福祉などの各分野で1000件を超える研究プロジェクトを実施している。今日では、日本の数少ない民間独立公益性シンクタンクとして国内外から大きな役割が期待されている。

日本ユニシス株式会社総合技術研究所

日本ユニシスグループのR&Dの拠点として2006年1月に設立。主なミッションは、「データ」を「価値ある情報」に進化させるソフトウェア、企業価値向上を支える情報システムの方法論とアーキテクチャー、社会プラットフォームを支える技術の提供。最近では、データの解析と管理、コンピュータ支援設計、人工知能の研究を活用し、環境・健康・顧客接点のイノベーションに繋がるプロジェクト活動を展開している。

日本でいちばんいい県　都道府県別幸福度ランキング
2012年12月20日　発行

監修者　寺島　実郎
編者　一般財団法人日本総合研究所
発行者　山縣裕一郎

発行所　〒103-8345
　　　　東京都中央区日本橋本石町1-2-1　東洋経済新報社
　　　　電話 東洋経済コールセンター03(5605)7021

印刷・製本　丸井工文社

本書のコピー，スキャン，デジタル化等の無断複製は，著作権法上での例外である私的利用を除き禁じられています．本書を代行業者等の第三者に依頼してコピー，スキャンやデジタル化することは，たとえ個人や家庭内での利用であっても一切認められておりません．
Ⓒ 2012〈検印省略〉落丁・乱丁本はお取替えいたします．
Printed in Japan　ISBN 978-4-492-21204-2　http://www.toyokeizai.net/